NAPOLEON HILL

CAPITÃO DA MINHA ALMA, SENHOR DO MEU DESTINO

PUBLICAÇÃO OFICIAL AUTORIZADA
PELA FUNDAÇÃO NAPOLEON HILL

Título original: *How To Own Your Own Mind*

Copyright © 2017 by The Napoleon Hill Foundation

Capitão da minha alma, senhor do meu destino

Edição promocional

Direitos reservados desta edição: CDG Edições e Publicações

O conteúdo desta obra é de total responsabilidade do autor e não reflete necessariamente a opinião da editora.

Autor:
Napoleon Hill

Tradução:
Mayã Guimarães

Revisão:
3GB Consulting

Preparação de texto:
André Fonseca

Projeto gráfico:
Dharana Rivas

Produção editorial e distribuição:

CDG
Grupo Editorial

contato@cdgeditora.com.br

SUMÁRIO

PREFÁCIO	4
INTRODUÇÃO	5

CAPÍTULO 1
Visão criativa 9

Análise do Capítulo 1 44
Introdução ao Capítulo 2 60

CAPÍTULO 2
Pensamento organizado 63

Os pontos de vista de Andrew Carnegie
sobre pensamento organizado 92

CAPÍTULO 3
Atenção controlada 117

Análise da atenção controlada por Andrew Carnegie 149
Seja dono da sua própria mente 171

PREFÁCIO

JAMIL ALBUQUERQUE

Presidente do Grupo MasterMind – Treinamentos de Alta Perfomance

Conheci "Invictus", de William Henley, ao descobrir a obra de Napoleon Hill no final da década de 1970. Desde então, os ensinamentos de Hill são minha bússola mais confiável, e o poema, meu fiel companheiro de travessias. Em todas as ocasiões em que o mar ficou revolto, em que tempestades desabaram, em que me vi engolfado pela escuridão de um céu sem estrelas, mantive o leme firme recorrendo à filosofia de Hill para singrar as vagas com galhardia. Abalroado por temores e incertezas que ameaçavam soçobrar-me, recorri ao lastro infalível de Henley para manter o prumo:

> Sou senhor do meu destino,
> Sou o capitão da minha alma.

"Invictus" louva a pessoa que acredita em si, que preserva sua dignidade e honra, que persevera em seus ideais e objetivos. Você é senhor de seu destino e capitão de sua alma quando controla seus pensamentos e os direciona com sabedoria e foco.

Neste livro, Napoleon Hill relembra as conversas com seu mentor, o magnata Andrew Carnegie, apresenta os conceitos de visão criativa, pensamento organizado e atenção controlada, ensina como cultivar essas qualidades e explica sua importância para a conquista do sucesso. Domine sua mente, pense de modo criativo, organizado e atento, e suas ações o levarão à vitória.

INTRODUÇÃO

DON M. GREEN
Diretor executivo da Fundação Napoleon Hill

Em 1941, Napoleon Hill criou e publicou dezessete pequenos livros, cada um contendo uma explicação dos princípios de conquista pessoal desenvolvidos ao longo de vinte anos a partir do estudo de grandes histórias americanas de sucesso. Hill se sentiu inspirado a isso quando, ainda repórter inexperiente, entrevistou o grande magnata do aço Andrew Carnegie, que descreveu os princípios do sucesso e encomendou ao jovem Napoleon o início de um intenso estudo sobre como esses princípios contribuíram para o sucesso de grandes homens da época e de tempos anteriores. Ele chamou a série de *Mental Dynamite* (Dinamite mental), expressão que Carnegie usou para descrever o material que produziu.

Logo após a publicação, Pearl Harbor foi atacado, e a América do Norte entrou na Segunda Guerra. Com os preparativos para essa guerra e a vitória ao fim dela, *Mental Dynamite*, como tantas outras coisas significantes, mas menos importantes que a guerra, foi deixado de lado pelo público americano. Juntou poeira nos arquivos da Fundação Napoleon Hill até que, recentemente, foi redescoberto, e está agora sendo reimpresso pela fundação em formato de livro.

Este livro foi criado por nosso fundador com a junção de três capítulos relacionados da obra-prima *Mental Dynamite*. Cada um trata de como pensar antes de agir e, portanto, de como reconhecer oportunidades, pontua o objetivo principal definido do indivíduo e o refina até chegar a hora de agir. Quando dominar esses capítulos, você saberá como ser dono da sua própria mente.

O primeiro capítulo apresenta o princípio da visão criativa. Andrew Carnegie explicou ao jovem Napoleon, em 1908, que a imaginação é um componente primário dela, e forneceu exemplos de como a imaginação capacita a pessoa a ser bem-sucedida em atividades aparentemente tão diversas como invenção e vendas, por exemplo. Mas é necessário usar a imaginação. "Pensamentos fugazes" e "meros desejos", em suas próprias palavras, não são suficientes para criar invenções e concluir vendas; é preciso reconhecer oportunidades e agir a partir delas. Essa é a essência da visão criativa. Carnegie também detalhou os dez princípios de sucesso usados por todas as pessoas que obtiveram resultados favoráveis com a visão criativa.

Hill acompanha as extensivas citações de sua entrevista com Carnegie com os próprios comentários, escritos 33 anos mais tarde. Ele sugere diversas ideias para melhorar sociedade e indústria. Ambas poderiam se beneficiar do uso da visão criativa, e muitas das ideias são incrivelmente à frente de seu tempo. Depois, ele fornece vários exemplos de pessoas do então presente que usaram a visão criativa para alcançar o sucesso. Juntos, os *insights* de Andrew Carnegie e Napoleon Hill são uma aula envolvente sobre como todos nós podemos usar a nossa visão criativa para reconhecer oportunidades e alcançar nossos objetivos.

O Capítulo 2 discute a importância do princípio do pensamento organizado. Por meio do uso de três gráficos, Hill explica como se pode atingir e usar o pensamento organizado para controlar com sucesso o próprio destino. Acredito que você perceberá, assim como eu, que esses três gráficos merecem estudo repetido e que cada leitura deles revela algo novo. Eles comprovam que pensamento organizado, força de vontade e autodisciplina interagem com as faculdades mentais, os cinco sentidos, os motivos básicos do homem e outros princípios de sucesso para produzir resultados quando – e isso é essencial – existe ação. Pensamentos sem ação são ineficientes.

Hill explica como raciocínio indutivo e dedutivo e hereditariedade social contribuem para o desenvolvimento do pensamento organizado. Ressalta a importância de hábitos, bons e maus, para influenciar a capacidade do indivíduo de atingir o pensamento organizado. O capítulo termina com excertos da entrevista que o jovem Napoleon Hill fez em 1908 com Andrew Carnegie, na qual Carnegie detalhou as coisas positivas que podem ser realizadas pelo pensamento positivo e como sua utilização por homens maus está fadada ao fracasso.

O Capítulo 3 é dedicado ao princípio do sucesso da atenção controlada. Atenção controlada é concentração, e mais. São os meios pelos quais os planos da pessoa são impressos na mente subconsciente. É o processo de controlar todas as atividades da mente e dirigi-las para um fim específico. Ela é essencial para a implementação da visão criativa e do pensamento organizado.

Hill explica como o uso de outros princípios de sucesso, como fazer o esforço extra, MasterMind e fé podem intensificar a capacidade de desenvolver a atenção controlada e alimentar a confiança do indivíduo. Ele fornece exemplos de pessoas que combinaram vários princípios de sucesso e atenção controlada para desenvolver soluções antes desconhecidas para problemas existentes. Hill também divulga depoimentos de muitas pessoas famosas e bem-sucedidas sobre como a atenção controlada foi importante para a vida delas. Um tema comum é que se deve controlar a atenção concentrando-a em um objetivo principal, em vez de vários.

O capítulo termina com mais uma entrevista de Carnegie sobre os efeitos do uso da atenção controlada. Esse conceito leva à especialização, o que produz recompensas maiores do que uma abordagem generalizada de um empreendimento ou de uma profissão. Ela é essencial para o progresso e a promoção no emprego. E, quando empregada pelos cidadãos, leva ao sucesso da livre-iniciativa e da democracia, em oposição a uma sociedade socialista, na qual a atenção controlada, se utilizada, acaba atrofiando e morrendo.

O livro mais conhecido de Napoleon Hill é *Think and Grow Rich*[1]. Os capítulos no livro em suas mãos ajudam a explicar o raciocínio por trás desse título. Como Hill enfatizou repetidamente, a ação é fundamental para o sucesso. Mas você deve pensar antes de agir, ou suas atitudes serão desperdiçadas.

Esses capítulos atemporais sobre a importância do pensamento antes da ação serão esclarecedores para ajudá-lo a alcançar seu objetivo principal definido. Para isso, você deve aprender como se apoderar de sua própria mente, e este livro vai lhe ensinar como fazer isso.

---

[1] A Citadel Editora lançou *Think and Grow Rich* no original, em inglês, e também na versão revista e atualizada da Fundação Napoleon Hill, intitulada *Quem pensa enriquece – O legado*.

A força com que pensamos é "dinamite mental", e isso pode ser organizado e usado de forma construtiva para se chegar a fins definidos. Se não for organizado e usado por meio de hábitos controlados, pode se tornar um "explosivo mental" que vai, literalmente, explodir as esperanças de realização e levar a um inevitável fracasso.

ANDREW CARNEGIE

CAPÍTULO 1
VISÃO CRIATIVA

Um filósofo disse: "A imaginação é a oficina do homem onde é criado o padrão de todas as suas realizações". Outro pensador a descreveu como "a oficina da alma, onde as esperanças e os desejos do homem são preparados para a expressão material".

Este capítulo descreve os métodos pelos quais alguns dos grandes líderes da América, por intermédio da aplicação da visão criativa, fizeram do estilo de vida americano o objeto de inveja do mundo, e começa no estudo particular de Andrew Carnegie em 1908, comigo, Napoleon Hill, como o aluno e repórter.

HILL: Você já disse que a visão criativa é um dos princípios da realização individual. Pode analisar esse princípio e descrever como se pode fazer uso prático dele?

CARNEGIE: Em primeiro lugar, vamos garantir uma compreensão clara do significado da expressão visão criativa, como a estamos usando aqui, explicando que essa não é só mais uma maneira de nomear a nossa imaginação. É, na verdade, a capacidade de reconhecer oportunidades e agir para se beneficiar delas. Um importante elemento da visão criativa é o uso da imaginação.

Há dois tipos de imaginação. Um é conhecido como imaginação sintética, e o outro é a imaginação criativa.

Imaginação sintética é o ato de combinar ideias, conceitos, planos, fatos e princípios reconhecidos em novos arranjos. O velho axioma "nada de novo sob o sol" surgiu do fato de a maioria das coisas que parecem ser novas não ser mais que um rearranjo daquilo que é velho. Praticamente todas as patentes registradas no Gabinete de Patentes não são mais que velhas ideias que foram arranjadas em uma nova ordem, ou que ganharam um novo uso. Patentes que não se enquadram nessa categoria são conhecidas como "patentes básicas" e são obra da imaginação criativa, isto é, são baseadas em ideias criadas recentemente, que não foram anteriormente usadas ou reconhecidas.

A imaginação criativa tem origem, até onde a ciência foi capaz de determinar, na mente subconsciente, em que existe a habilidade de perceber e interpretar novas ideias por meio de algum poder ainda desconhecido para a ciência. Alguns acreditam que a faculdade da imaginação criativa realmente é "a oficina da alma". De um fato podemos ter certeza: é inegável a existência de uma faculdade mental pela qual alguns homens percebem e interpretam novas ideias nunca antes conhecidas pela humanidade. Mais adiante, citarei exemplos conhecidos dessa habilidade. Além disso, me empenharei em descrever como essa habilidade pode ser desenvolvida e posta a serviço de fins práticos.

HILL: Qual dos dois tipos de imaginação é usado com mais frequência no ramo da indústria e nas esferas comuns da vida?

CARNEGIE: A imaginação sintética é a mais usada. A imaginação criativa, como o nome sugere, é utilizada apenas por aqueles que alcançaram os meios para pôr em prática essa habilidade incomum.

HILL: Pode mencionar exemplos da aplicação desses dois tipos de imaginação, considerando todos os detalhes possíveis para que os métodos práticos possam ser entendidos?

CARNEGIE: Bem, vamos pegar o trabalho de Thomas A. Edison, por exemplo. Estudando suas realizações, veremos como ele fez uso dos dois tipos de imaginação, embora tenha usado o tipo sintético com mais frequência.

Sua primeira invenção a atrair atenção no mundo todo foi criada pela união, em uma nova combinação, de dois antigos e conhecidos princípios. Eu me refiro à lâmpada elétrica incandescente, cuja perfeição foi atingida somente depois de Edison ter tentado mais de dez mil diferentes combinações de velhas ideias sem resultados satisfatórios.

HILL: Quer dizer que Edison teve a persistência para continuar tentando diante de dez mil fracassos?

CARNEGIE: Sim, é exatamente o que estou dizendo. E devo aqui chamar sua atenção para o fato de que homens com um bom senso de imaginação raramente desistem, até encontrarem a resposta para seus problemas.

Edison aperfeiçoou a lâmpada elétrica incandescente combinando de um jeito novo dois princípios bem conhecidos. O primeiro desses princípios era o fato estabelecido de que, aplicando energia elétrica às duas extremidades de um filamento de metal, é gerada uma resistência por meio da qual o filamento é aquecido até brilhar e produzir a luz. Esse princípio era conhecido muito antes do tempo dos experimentos de Edison com a lâmpada elétrica, mas o problema era que não havia sido encontrado nenhum jeito de controlar o calor. Talvez os fatos fossem mais bem compreendidos se eu dissesse que não foi encontrada nenhuma forma de metal ou outra substância capaz de transmitir a quantidade necessária de calor para produzir uma luz satisfatória por mais que alguns segundos. O calor intenso da eletricidade logo queimava o metal.

Depois de experimentar todas as substâncias conhecidas que conseguiu encontrar, sem descobrir nada que pudesse servir ao propósito desejado, Edison se deparou com outro conhecido princípio que foi a resposta para seu problema.

Eu digo que ele "se deparou" com o princípio, mas talvez não seja essa a maneira mais precisa de explicar como isso se apresentou a ele. Terei mais a dizer sobre isso mais adiante. De qualquer maneira, surgiu em sua cabeça o conhecido princípio pelo qual o carvão é produzido, e ele reconheceu ali a resposta para o problema que havia provocado mais de dez mil fracassos.

Explicando rapidamente, produz-se carvão formando uma pilha de madeira no chão, ateando fogo a ela e cobrindo toda a pilha com terra. A terra permite que ar suficiente passe para manter o fogo vivo e latente, mas não o bastante para que haja chamas. O processo de combustão lenta continua até a madeira carbonizar completamente, deixando o tronco intacto e na forma de uma substância conhecida como carvão.

Você aprendeu, é claro, quando estudava física, que onde não existe oxigênio não pode haver fogo; que controlando o influxo de oxigênio é possível controlar proporcionalmente a quantidade de calor do fogo.

Edison conhecia esse princípio muito antes de começar a fazer experiências com a lâmpada elétrica, mas só depois de fazer milhares de testes pensou nele como o princípio que estava procurando.

Assim que esse princípio foi reconhecido como aquilo que procurava, ele foi ao laboratório, pôs um filamento de metal em forma de mola dentro de uma garrafa, tirou todo o ar dela, lacrou a garrafa com cera, aplicou a energia elétrica às duas extremidades do filamento e pronto: nascia a primeira lâmpada elétrica incandescente do mundo. A lâmpada rústica queimou por mais de oito horas.

O que aconteceu é óbvio, certamente. Colocando o filamento em um vácuo que não continha oxigênio, ele podia ser aquecido o suficiente para produzir luz sem queimar completamente como havia acontecido quando fora deixado em contato com o ar. Esse mesmo princípio é utilizado na fabricação de todas as lâmpadas elétricas incandescentes até hoje, embora o método tenha sido muito refinado, até a moderna lâmpada elétrica ser muito mais eficiente do que era quando Edison descobriu como controlar o calor.

Agora, voltemos à questão sobre como Edison pensou em associar esses dois velhos princípios de um jeito novo. Eu disse que ele "se deparou" com a ideia de usar o princípio do carvão como um meio de controlar o calor da energia elétrica. Mas não foi exatamente assim que ele teve a ideia.

Começa aqui, então, a entrar em cena o princípio da imaginação criativa. Por essa repetição de pensamento em relação ao seu problema, mantido por um longo período de tempo, ao longo de milhares de experimentos, Edison carregou, de forma consciente ou não, em sua mente subconsciente, uma imagem clara do problema que tinha, e, por alguma força estranha que ninguém entende, sua mente subconsciente deu a ele a solução desse problema na forma de uma "intuição" que o levou a pensar no princípio do carvão.

Ao descrever essa experiência muitos anos depois, Edison disse que, quando teve a "intuição", a reconheceu imediatamente como o elo perdido que procurava. Além disso, teve certeza de que daria certo antes mesmo de testá-la. Ele fez ainda a importante afirmação de que, quando a ideia de usar o princípio do carvão "surgiu em sua cabeça", trouxe com ela uma sensação de segurança de sua adequação que não havia acompanhado nenhuma das outras milhares de ideias semelhantes que ele havia testado por intermédio da imaginação sintética.

A partir dessa afirmação, podemos concluir que a mente subconsciente tem não só o poder de criar a solução para os problemas, como também meios para forçar o indivíduo a reconhecer a solução quando ela se apresenta à mente consciente.

Sempre que encontrar um empreendimento próspero, você encontrará um indivíduo que tem visão criativa.

HILL: Pelo que disse, concluo que persistência foi essencial para Edison descobrir a solução para seu problema.

CARNEGIE: Sim, e alguns outros fatores também. Antes de tudo, ele começou sua pesquisa com definição de objetivo, aplicando, assim, talvez o mais importante dos princípios da realização individual. Ele conhecia a natureza de seu problema, mas, tão importante quanto isso, estava determinado a encontrar sua solução. Portanto, ele apoiou sua definição de objetivo com um desejo obsessivo por sua realização. Desejo obsessivo é o estado mental que serve para limpar a mente de medo, dúvida e limites autoimpostos, abrindo assim o caminho para o estado mental conhecido como fé. Recusando-se a aceitar a derrota ao longo de mais de dez mil fracassos, Edison preparou sua mente para a aplicação da fé.

HILL: Todas as invenções de Edison foram criadas pela aplicação conjunta de imaginação criativa e imaginação sintética, como no caso da lâmpada elétrica incandescente?

CARNEGIE: Oh, não. De jeito nenhum. A maioria de suas invenções foi criada unicamente com a ajuda da imaginação sintética, pelo método de experimentação por tentativa e erro. Mas ele concluiu uma invenção exclusivamente com o auxílio da imaginação criativa, e, até onde sei, essa foi a única invenção que ele aperfeiçoou por meio apenas desse princípio. Eu me refiro ao fonógrafo. Essa foi uma ideia nova. Ninguém antes de Edison, até onde sei, jamais produziu uma máquina que gravasse e reproduzisse as vibrações do som.

HILL: Que técnica Edison utilizou na aplicação da imaginação criativa para o aperfeiçoamento da máquina falante?

CARNEGIE: A técnica foi muito simples: ele imprimiu na mente subconsciente a ideia da máquina falante e de lá passou para a mente consciente um plano perfeito para a construção dessa máquina.

HILL: Está dizendo que Edison contou completamente com a imaginação criativa?

CARNEGIE: Sim, completamente. E uma das características estranhas dessa invenção em particular de Edison é o fato de o plano a ele entregue por sua mente subconsciente ter funcionado quase desde a primeira tentativa de colocá-lo em prática. A ideia de como tal máquina poderia ser construída "surgiu" na cabeça de Edison. Ele então se sentou e fez um desenho rústico da máquina, entregou ao seu construtor de modelos e pediu para que ele produzisse a máquina, e em questão de horas ela estava pronta, testada e, uau, funcionando. É claro que a máquina era rudimentar, mas foi o suficiente para provar que a imaginação criativa de Edison não havia falhado.

HILL: Você disse que Edison "imprimiu na mente subconsciente" a ideia da máquina falante. Como ele fez isso, e quanto tempo foi necessário até o subconsciente entregar a ele o princípio funcional da máquina?

CARNEGIE: Não sei se Edison determinou exatamente quanto tempo ele passou pensando nessa máquina antes de seu subconsciente capturar esses pensamentos e traduzi-los em um plano perfeito, mas tenho a impressão de que não foram mais que algumas semanas, no máximo. Talvez não mais que alguns dias. Seu método para imprimir seu desejo na mente subconsciente consistiu no simples procedimento de converter esse desejo em uma obsessão. Isto é, o pensamento de uma máquina que gravaria e reproduziria o som tornou-se o pensamento dominante em sua mente. Ele focou a mente nisso, por meio da concentração de seu interesse, e fez dele o principal ocupante de sua cabeça dia a dia, até essa forma de autossugestão penetrar o subconsciente e registrar uma imagem clara de seu desejo.

HILL: É assim que se conecta a mente consciente ao subconsciente?

CARNEGIE: Sim, esse é o mais simples método conhecido. Você entende, portanto, por que enfatizei a importância de intensificar os desejos até que se tornem obsessivos? Um desejo profundo, ardente, é capturado pelo subconsciente e serve de base para a ação de maneira muito mais definida e rápida que um desejo comum. Um simples desejo parece não criar impressão no subconsciente.

Muita gente fica confusa com a diferença entre um desejo comum e um desejo ardente que foi estimulado até alcançar proporções obsessivas pela repetição do pensamento conectado a ele.

HILL: Se o entendi corretamente, o elemento da repetição é importante. Por quê?

CARNEGIE: Porque a repetição do pensamento cria "hábitos de pensamento" que levam a mente a trabalhar imediatamente em uma ideia sem que se faça um esforço consciente. Parece que o subconsciente se preocupa primeiro com os pensamentos que se tornaram hábitos e, em especial, se os pensamentos foram fortemente dotados de emoção por um desejo profundo e ardente de sua realização.

HILL: Então, qualquer um pode usar a imaginação criativa pelo processo simples de carregar a mente subconsciente com desejos definidos?

CARNEGIE: Sim, não há nada que impeça qualquer pessoa de usar esse princípio, mas você deve lembrar que resultados práticos são obtidos apenas por aqueles que disciplinaram seus hábitos de pensamento por meio do processo de concentração de interesse e desejo. Pensamentos fugazes que vêm e vão de forma intermitente e meros desejos, que somam a extensão do pensamento da pessoa mediana, não criam nenhuma impressão na mente subconsciente.

HILL: Pode mencionar alguns exemplos adicionais da aplicação prática dos dois tipos de imaginação?

CARNEGIE: Bem, vejamos a experiência de Henry Ford relacionada ao aperfeiçoamento de um veículo automotor, por exemplo. A ideia desse veículo foi sugerida a ele pela primeira vez por um trator movido a vapor que era usado para rebocar uma máquina de debulha. Desde a primeira vez que viu o trator, ele começou a pensar na ideia de um pequeno veículo sem cavalos.

De início, ele usou o princípio da imaginação sintética, focando o pensamento em maneiras e meios de converter o trator movido a vapor em um veículo rápido para o transporte de passageiros. A ideia tornou-se obsessiva para ele, e teve o efeito de transmitir seu desejo ardente para a mente subconsciente – onde ela foi acolhida –, que serviu de base para a ação. A ação da mente subconsciente sugeriu a ele o uso de um motor de combustão interna para substituir o motor a vapor, e ele começou a trabalhar imediatamente na criação desse motor. É claro que ele usou como guia experimentos de outros homens relacionados a motores de combustão a gás, mas seu problema era encontrar um jeito de transmitir a força do motor para as rodas de um veículo. Ele manteve a mente carregada com seu principal propósito, até que, passo a passo, a mente subconsciente apresentou ideias com as quais ele pôde aperfeiçoar o sistema planetário de transmissão de força que permitiu o desenvolvimento de seu primeiro modelo funcional de um automóvel.

HILL: Pode descrever os principais fatores que integraram o *modus operandi* da mente de Ford enquanto ele aperfeiçoava o automóvel?

CARNEGIE: Sim, isso é bem fácil. E quando eu os descrever, você terá uma compreensão clara dos princípios funcionais usados por todos os homens bem-sucedidos, bem como uma imagem clara da mente de Ford, a saber:

1. Ford foi motivado por um objetivo definido, que é o primeiro passo em todas as realizações individuais.
2. Ele estimulou seu objetivo até transformá-lo em uma obsessão, concentrando seus pensamentos nele.
3. Ele transformou seu objetivo em planos definidos por meio do princípio do esforço individual organizado, e pôs seus planos em ação com persistência inabalável.
4. Ele fez uso do MasterMind, primeiro, pela ajuda harmoniosa da esposa, e segundo, buscando conselhos de outras pessoas que haviam feito experiências com motores de combustão interna e métodos de transmissão de força. Ainda mais tarde, é claro, quando começou a produzir automóveis para vender, ele fez uso ainda mais extenso do MasterMind, aliando-se aos irmãos Dodge e a outros mecânicos e engenheiros capacitados no tipo de problemas mecânicos que ele precisava resolver.
5. Por trás de todo esse esforço, estava o poder da fé aplicada, que ele adquiriu como resultado de seu desejo intenso de realização ligado ao seu objetivo principal definido.

HILL: Resumindo rapidamente, o sucesso de Ford foi devido a ele ter adotado um objetivo principal definido, que inflamou até transformar em obsessão, levando assim à estimulação tanto das faculdades da imaginação sintética quanto da imaginação criativa. É isso?

CARNEGIE: Isso conta a história em uma frase. A parte da história que deve ser enfatizada é o fato de Ford ter se movido com persistência. No início ele enfrentou uma sucessão de derrotas. Uma de suas maiores dificuldades era a falta de capital para seguir com sua pesquisa antes de ter aperfeiçoado o automóvel. Depois disso, surgiu uma dificuldade ainda maior, relacionada à obtenção do necessário capital de giro para produzir seus automóveis em quantidade. Na sequência, veio uma série de dificuldades, como discórdias com os membros de seu grupo de MasterMind, e outros problemas semelhantes, todos exigindo persistência e determinação. Essas qualidades Ford tem, e creio que podemos dizer que ele deve o sucesso à sua habilidade de saber exatamente o que quer e à sua capacidade de sustentar suas vontades com persistência inabalável.

Se uma única qualidade se destaca na personalidade de Ford, sobrepõe-se a todas as outras, é sua capacidade de persistência. Deixe-me lembrar mais uma vez que a definição de objetivo, sustentada por uma forma de persistência que assuma a proporção de uma obsessão, é o maior de todos os estimulantes tanto para a forma sintética quanto para a forma criativa de imaginação. A mente do homem é dotada de um poder que força o subconsciente a aceitar e agir a partir de desejos obsessivos que são definitivamente planejados.

HILL: Pode citar alguns outros exemplos da aplicação prática de imaginação?

CARNEGIE: Vejamos, por exemplo, a pesquisa de Alexander Graham Bell relacionada ao telefone moderno. Aqui temos um exemplo do uso da imaginação criativa, porque a invenção de Bell era nova. Digamos que ele, como Edison, "se deparou" com o princípio que tornou o telefone prático enquanto pesquisava um equipamento mecânico com o qual poderia criar um aparelho auditivo para a esposa, cuja audição era deficiente.

Mais uma vez, encontramos um homem que foi inspirado por um objetivo definido que assumiu proporções de obsessão. A intensa compaixão pela esposa foi o fator que deu força obsessiva ao seu objetivo. Nesse caso, como em todos os outros em que homens deram proporções obsessivas a seus desejos, havia um motivo definido por trás de seu desejo. Motivo é o começo de todos os desejos.

Durante um longo período de pesquisa enredado em detalhes demais para se descrever aqui, o subconsciente de Bell finalmente apresentou a ele uma ideia que servia ao seu objetivo. Ela se tornou conhecida pelo mundo científico como experimento de Bell, cuja essência era:

Um raio de luz é projetado em um prato de selênio, que reflete o raio para outro prato do mesmo metal a alguma distância do primeiro. Este último se comunica com uma pilha galvânica, à qual um telefone é ligado. As palavras pronunciadas atrás do primeiro prato são ouvidas nitidamente pelo telefone na extremidade do segundo prato. O raio de luz serviu como um fio do telefone. As ondas sonoras se transformaram em ondas de luz, e essas em ondas galvânicas, que por sua vez se tornaram novamente ondas sonoras.

Assim, um novo princípio para transmissão de ondas sonoras foi descoberto. Reivindicou-se que o princípio, em parte, foi sugerido a Bell pelos experimentos de um homem chamado Dolbear. Houve um processo legal pela prioridade de direito ao princípio, mas Dolbear perdeu na Justiça, e Bell foi declarado o descobridor do princípio funcional do telefone moderno.

De qualquer maneira, o desejo de Bell por um aparelho auditivo para a esposa, reforçado por uma pesquisa persistente para esse aparelho, levou à descoberta do princípio de que ele precisa. Deve-se lembrar que o subconsciente faz uso de todos os meios práticos disponíveis para revelar conhecimento àqueles que o procuram com desejo obsessivo. Ele não faz milagres, mas faz uso inteligente de todo meio prático disponível para a realização de seu objetivo.

HILL: Agora vamos nos afastar do campo das invenções e ver como o princípio da imaginação pode ser aplicado em áreas menos complexas de empreendimento.

CARNEGIE: Muito bem, tome como exemplo a primeira grande casa de vendas por catálogo estabelecida nos Estados Unidos. Aqui temos um bom exemplo de imaginação sintética aplicada às vendas.

Um operador de telégrafo ferroviário com quem trabalhei anteriormente descobriu que tinha um tempo livre que não podia usar em atividades ligadas a seus deveres no trabalho. Sendo um homem de mente inquisitiva, ele começou a procurar alguma coisa que pudesse fazer para ocupar-se e, ao mesmo tempo, ter uma renda extra. Aqui, mais uma vez, a questão do motivo entrou em cena, novamente o motivo financeiro.

Depois de pensar no assunto por vários meses, ele vislumbrou uma saída rentável para seus esforços usando uma linha de telégrafo sem utilidade para vender relógios para seus colegas operadores na divisão, então encomendou uma dúzia de relógios por preço de atacado e os colocou à venda. A ideia pegou fogo desde o início. Em muito pouco tempo, ele tinha vendido seis daqueles relógios. Depois, incentivada pelo sucesso, sua imaginação começou a se expandir até que ele comprou outras peças de joalheria. Tudo ia bem, e ele criava um negócio bem-estruturado, até seu supervisor descobrir o que ele estava fazendo e demiti-lo sumariamente.

Cada adversidade traz com ela a semente de um benefício equivalente. Dessa adversidade do telegrafista nasceu a primeira grande casa de vendas por catálogo. Ele mudou o método de vendas do telégrafo para o correio, usando primeiro um catálogo mimeografado de seus produtos. Além disso, acrescentou outras pessoas de fora da área dos telégrafos à sua lista de possíveis compradores, principalmente pessoas que moravam nos vilarejos e distritos rurais. Em pouco tempo, seu empreendimento havia crescido a ponto de ele poder pagar por um catálogo impresso ilustrado com fotos de suas mercadorias. Desse ponto em diante, a história é conhecida por milhões de pessoas nos Estados Unidos que hoje compram produtos da casa de vendas por catálogo estabelecida por esse homem.

Ele então aceitou um sócio, fazendo uso, portanto, do princípio do MasterMind. Esse sócio se mostrou uma verdadeira mina de ouro, porque tinha um aguçado senso de publicidade. Vários anos mais tarde, a empresa foi vendida para uma corporação por um preço que tornou seus proprietários multimilionários. Esse foi o começo da venda por catálogo em grande escala.

Pois bem, não havia nada de muito misterioso no sucesso desse homem. Ele simplesmente pôs a mente para trabalhar com um objetivo definido e perseguiu esse objetivo até ele o tornar rico. Não criou nada de novo. Só deu um novo uso a uma velha ideia. Muitas grandes fortunas foram acumuladas dessa maneira.

HILL: Se entendi corretamente, o operador de telégrafo aplicou apenas o princípio da imaginação sintética. É isso?

CARNEGIE: Sim, é isso. Ele não fez nada além de aplicar o princípio do *merchandising* de um jeito novo. Mas não esqueça que isso é tudo o que faz a maioria dos homens bem-sucedidos. Raramente os homens criam novas ideias pela aplicação da imaginação criativa, como fizeram Bell e Edison.

Agora, vejamos o moderno vagão refrigerador, por exemplo. O homem que fez a aplicação prática desse princípio pela primeira vez revolucionou o ramo frigorífico. Ele era do ramo, mas via seu empreendimento limitado pelo fato de só poder transportar carne fresca por distâncias curtas. Motivado pelo desejo de expandir seus negócios por um território maior, ele começou a procurar um método adequado.

Um homem geralmente encontra o que está procurando se dá ao desejo proporções obsessivas. Bem, esse homem era motivado pelo desejo de aumentar sua renda, então manteve a mente voltada para esse problema até que teve a ideia de transformar um vagão ferroviário comum em uma enorme caixa térmica. Não havia mais nada a fazer, exceto trabalhar e fazer experimentos com essa nova ideia, e foi o que ele fez. O plano funcionou de maneira satisfatória, embora o primeiro vagão refrigerador fosse uma criação muito rústica. Ele continuou aprimorando sua ideia até refiná-la no moderno vagão refrigerador que conhecemos hoje. Sua ideia não só o ajudou a ampliar sua empresa frigorífica de forma quase ilimitada, como também deu um novo impulso à venda e distribuição de outras linhas de produtos, em particular frutas e vegetais, fazendo com que hoje essa ideia sozinha já tenha gerado centenas de milhões de dólares em riqueza a indivíduos, corporações e à nação como um todo.

O vagão refrigerador foi criado unicamente pela aplicação da imaginação sintética, por meio do processo simples de colocar uma caixa térmica sobre rodas, digamos assim.

George Pullman realizou uma proeza semelhante colocando camas em vagões ferroviários, transformando-os assim em dormitórios. Não havia nada de novo nas camas ou nos vagões. Mas a ideia de combinar esses dois tipos de serviço era nova. A nova combinação rendeu ao homem que a criou uma imensa fortuna, sem falar nos milhares de empregos gerados e no serviço conveniente para os passageiros, coisas pelas quais continua rendendo uma soma gigantesca todos os anos. Ideias como essa são produtos da imaginação. O homem que treina a mente para criar ideias, ou para dar a velhas ideias um uso novo e melhor, está bem adiantado no caminho para a independência econômica.

Por trás dessas ideias estava a iniciativa pessoal dos homens que as criaram, mais o princípio do esforço individual organizado, por meio do qual foram postas em prática. Tanto o carro-leito quanto o vagão refrigerado tiveram que ser promovidos e vendidos, necessitando, portanto, de grande investimento de capital. Essas duas ideias, e todas as outras ideias similares que são postas em prática, requerem a aplicação de alguma combinação de princípios de realização individual. Mas, em última análise, essas ideias geralmente podem ser rastreadas até sua origem: a imaginação de uma pessoa.

HILL: Pode relacionar os princípios de sucesso que são usados mais comumente por aqueles que aplicam o princípio da imaginação?

CARNEGIE: Bem, isso depende um pouco da natureza da aplicação que será feita da imaginação e da pessoa que a fará, mas, de maneira geral, os princípios aliados à imaginação com mais frequência são:

1. Definição de objetivo. O motivo que serve mais comumente para estimular a imaginação é o de ganho financeiro. O motivo do lucro foi, sem dúvida, a maior inspiração para os homens que desenvolveram a América industrial.

2. O princípio do MasterMind, pelo qual homens se juntam e trocam abertamente ideias com o objetivo de resolver problemas comerciais ou profissionais, também é um grande estímulo à imaginação. Foi por esse princípio, mais que por todos os outros, que a indústria siderúrgica, da qual sou fundador, se tornou próspera. A chamada "mesa-redonda" é uma grande instituição. Quando homens se sentam e começam a juntar suas ideias em um espírito de harmonia e união de propósito, logo encontram uma solução para a maioria dos problemas que enfrentam, independentemente do ramo em que atuam ou da natureza de seus problemas.

3. Fazer um esforço extra também tem importante parcela de crédito como um estimulante para a imaginação. Quando um homem adquire o hábito de fazer mais do que aquilo por que é pago, geralmente começa a recorrer à imaginação em busca de novos recursos para prestar esse tipo de serviço. Só esse fato seria compensação suficiente para fazer o esforço extra, mesmo que não houvesse benefícios ainda maiores envolvidos.

4. Fé aplicada é uma fonte definida de estímulo para a imaginação. Além disso, é essencial em conexão com a estimulação e aplicação da imaginação

criativa. Homens com pouca ou nenhuma fé nunca terão os benefícios da imaginação criativa.
5. Esforço individual organizado depende diretamente da aplicação de imaginação para sua efetividade, já que todas as formas de planejamento definido são realizadas por meio da imaginação.

> *Quando rezar, não peça mais bênçãos; peça mais sabedoria, e que você possa compreender melhor e apreciar as bênçãos que já tem.*

Há muitas outras fontes de estímulo para a imaginação, mas essas cinco são as indispensáveis.

O medo às vezes estimula a imaginação, embora, certamente, outras vezes a paralise. Quando um homem está em grande perigo, sua imaginação frequentemente realiza feitos sobre-humanos, especialmente se o motivo for autopreservação.

Fracasso e derrota temporária às vezes têm o efeito de despertar a imaginação, embora tenham, com mais frequência, o efeito contrário.

O método de questionamento ao qual mestres em vendas recorrem com frequência tem o efeito de despertar a imaginação e colocá-la para trabalhar, e o motivo para isso é óbvio. Ao fazer perguntas, o vendedor força seu comprador em potencial a pensar. Além disso, pela perspicácia de suas perguntas ele escolhe a linha de pensamento a ser seguida.

Curiosidade costuma estimular a imaginação em alto grau. Curiosidade a respeito da morte e da incerteza da vida, do desconhecido e talvez dos fatos insondáveis da imortalidade foi a principal fonte de inspiração da qual todas as religiões surgiram.

A expressão pela fala e escrita é fonte inesgotável de estímulo para a imaginação, como diversas outras formas de ação. No momento em que um homem começa a organizar seus pensamentos com o objetivo de se expressar, por meio de palavras ou atos, ele põe sua imaginação para trabalhar. Por essa razão, crianças devem ser incentivadas a expressar livremente seus pensamentos, uma vez que isso desenvolve desde cedo a imaginação.

A fome é uma fonte universal de inspiração para a imaginação. Quando um homem precisa de alimento, sua imaginação começa a trabalhar automaticamente, sem nenhuma forma de impulso. Nas escolhas básicas vida, o instinto trabalha em favor da fome, e tomei conhecimento de aplicações engenhosas desse instinto diante de tal necessidade.

Portanto, vemos que onde há vida, seja do homem, seja das formas inferiores de vida organizada, imaginação e instinto podem ser encontrados como partes fundamentais do equipamento funcional do indivíduo.

Concentrar a atenção em um problema ou objeto definido costuma pôr a imaginação em ação imediatamente. Veja, por exemplo, as impressionantes realizações do Dr. Elmer R. Gates, que criou centenas de invenções úteis "sentado, para ter ideias". O mesmo princípio foi usado por Thomas A. Edison e Alexander Graham Bell. Fixando a mente em objetivos estabelecidos, por meio da definição de um objetivo, eles puseram a imaginação criativa para trabalhar, com resultados mais abrangentes.

Cientistas, e às vezes leigos, puseram a imaginação para trabalhar estabelecendo hipóteses de fatos ou ideias que, por um tempo, presumem existir. A pesquisa científica e a experimentação dificilmente seriam práticas se não fossem utilizados casos hipotéticos, já que com frequência os fatos que pesquisam são inteiramente desconhecidos. Muitas vezes, advogados e juízes recorrem ao uso de hipóteses para estabelecer fatos que não podem ser descobertos por nenhuma outra fonte. O químico e o físico recorrem ao mesmo método quando pesquisam situações desconhecidas. Como faz o médico, quando outros meios de diagnóstico falham. Detetives costumam trabalhar totalmente com a ajuda de hipóteses na solução de crimes.

Logo depois da Guerra de Secessão nos EUA, o proprietário de uma fundição comprou uma grande quantidade de balas de canhão não utilizadas que queria derreter para outros usos. Antes que as balas pudessem ser devidamente derretidas, tinham que ser quebradas em pequenos pedaços. Parecia não haver um jeito de fazer o serviço, exceto contratando homens para quebrar as balas com marretas pesadas. Até que um homem com imaginação examinou as balas de canhão, descobriu que eram ocas e pediu um valor muito baixo para quebrar todo o lote. Mais ainda, ele chocou o proprietário da fundição garantindo que quebraria todo o lote sozinho, e que faria o serviço na manhã seguinte.

Ele conseguiu o contrato, e só então virou todas as balas para deixar a pequena abertura em cada uma delas voltada para cima. Depois, para espanto de todos, ele encheu as balas com água. A noite era muito fria, e na manhã seguinte o dono da fundição encontrou todas as balas quebradas pela expansão do conteúdo congelado. Seu único comentário foi: "Por que não pensei nisso?".

Todos nós temos motivos, de vez em quando, para pensar por que não usamos nossa imaginação quando vemos outras pessoas lucrando dessa maneira.

HILL: Por que tão poucas pessoas parecem ter uma imaginação bem-desenvolvida? A capacidade de desenvolver uma imaginação aguçada é questão hereditária?

CARNEGIE: Não, a faculdade da imaginação, como todas as outras faculdades mentais, pode ser desenvolvida pelo uso. A razão pela qual tantas pessoas parecem não ter imaginação ativa é óbvia. Muita gente deixa a faculdade da imaginação atrofiar-se, pela negligência.

HILL: Levando em consideração que todos usam a habilidade de vendas de uma forma ou de outra, poderia ilustrar como a imaginação pode ser usada para as vendas?

CARNEGIE: Sim, posso dar inúmeros exemplos desse tipo. Vejamos o caso de um corretor de seguros de vida que conheço. Ele começou a vender apólices depois de um acidente que o incapacitou para qualquer tipo de trabalho braçal pesado. Em um ano se tornou o principal homem de vendas de sua empresa em todos os Estados Unidos.

Vou dar um exemplo que conta a história de seu sucesso. Mas, antes disso, acho que devo lhe dizer que esse homem se tornou um mestre na aplicação do princípio do MasterMind. Ele também se tornou igualmente proficiente em aplicar muitos outros princípios da realização, entre eles o do pensamento organizado.

Um dia ele entrou no escritório de um advogado muito distinto e rico e saiu, meia hora depois, com uma solicitação de apólice de meio milhão de dólares para a vida do advogado, que, sabia-se, havia se recusado a comprar seguro de meia dúzia de outros competentes corretores da cidade onde ele morava.

E foi assim que ele conseguiu:

Esse corretor levou com ele um artigo de jornal totalmente ilustrado sobre as atividades do advogado, com uma manchete enorme que anunciava: "Proeminente advogado faz seguro de milhões de dólares para o cérebro".

A matéria contava como o profissional do direito tinha vindo de baixo, progredido graças a sua incomum competência como advogado corporativo, até alcançar uma posição em que controlava a mais seleta clientela da cidade de Nova York. O artigo era bem redigido. Tinha fotos do advogado e de membros de sua família, e também uma foto da propriedade dele em Long Island.

Ele entregou o artigo ao advogado e disse: "Tomei providências para que esse artigo seja publicado em mais de cem jornais no momento em que você provar que consegue passar no exame médico necessário. Não preciso sugerir a um homem da sua inteligência que a história trará novos clientes em quantidade suficiente para pagar o prêmio da sua apólice de seguro".

O advogado sentou-se e leu a matéria com cuidado. Quando terminou, ele perguntou como o corretor havia obtido tantas informações sobre ele e como tinha conseguido aquelas fotos de sua família.

"Ah", respondeu o corretor, "isso foi fácil. Só precisei entrar em contato com uma agência de notícias para conseguir o material."

O advogado leu a matéria pela segunda vez, fez algumas correções nela, devolveu-a e disse: "Vamos ver seu formulário de solicitação". A venda da apólice foi fechada em poucos minutos, mas foram necessários mais de três meses de preparação antes que o corretor procurasse o advogado. Ele não deixou de dar atenção a nenhum detalhe. Tratou de descobrir tudo sobre o seu cliente antes de a matéria ser escrita, e cuidou para que ela fosse preparada de forma a tocar o ponto mais forte dele, que era o desejo por publicidade.

O que ele realmente vendeu ao advogado não foi uma apólice de seguro de vida, mas uma apólice de seguro para sua vaidade. Aquela manchete surtiu efeito. Além disso, o corretor não só ganhou um prêmio alto pela venda, como também recebeu US$ 500 da agência de notícias pelo uso exclusivo da história.

Se isso não for imaginação, eu não sei de mais nada.

Vendedores com boa imaginação sempre vendem alguma coisa inteiramente diferente daquilo que parecem estar vendendo. A experiência do Dr. Harper, um ex-presidente da Universidade de Chicago, ilustra bem o que quero dizer.

Harper era um dos maiores "angariadores de doações" que o mundo educacional conheceu. Ele teve a ideia de construir no *campus* um novo edifício para o qual seria necessária uma doação de um milhão de dólares. Se você quer ver a imaginação empregada por um mestre, observe a técnica utilizada para alcançar essa quantia. Observe também quantos princípios da realização individual ele aplicou, além de imaginação.

Em primeiro lugar, ele escolheu os possíveis doadores com destreza, limitando o número a dois conhecidos homens de Chicago, ambos totalmente capazes de doar um milhão de dólares.

Não pode ter sido mero acidente que esses dois homens fossem acirrados inimigos. Um era político profissional, e o outro era chefe do sistema de trilhos das ruas de Chicago. Durante anos, esses dois homens brigaram, fato que não teria significado algum para alguém com menos imaginação do que Harper.

Um dia, precisamente às doze horas, Harper entrou no escritório do magnata dos bondes, não encontrou ninguém na recepção (exatamente como ele esperava que fosse) e entrou na sala do homem dos trilhos sem ser anunciado.

O magnata levantou o olhar de sua mesa, mas, antes que tivesse tempo para protestar, o supervendedor disse: "Peço desculpas por entrar sem ser anunciado, mas não havia ninguém na recepção. Meu nome é Harper, e só preciso de um minuto".

"Por favor, sente-se", disse o homem dos bondes.

"Não, obrigado", respondeu o educador, "só tenho um minuto, então, vou dizer o que tenho para falar, depois me retiro. Faz um tempo que penso que a

Universidade de Chicago deveria fazer alguma coisa para agradecer pelo maravilhoso trabalho que tem feito, dando à cidade o melhor sistema de transporte sobre trilhos da América, e poderia fazer isso dando seu nome a um edifício do *campus*. Quando fiz a sugestão à nossa diretoria, um dos membros tinha tido a mesma ideia; mas ele queria que homenageássemos (e citou o nome do inimigo do homem dos bondes), então só vim lhe contar o que aconteceu na esperança de que possa me ajudar a derrotar o plano desse membro da diretoria."

"Ora", exclamou o homem dos bondes. "Essa é uma ideia interessante. Por favor, sente-se, vamos ver se conseguimos pensar em alguma coisa, sim?"

"Lamento muito", desculpou-se o educador, "mas tenho outro compromisso em poucos minutos e preciso correr para lá, mas vou lhe dizer o que proponho. Pense durante a noite no que eu disse, e telefone para mim amanhã, caso consiga pensar em alguma coisa que possa me ajudar a dar ao prédio o nome do homem certo. Tenha um bom dia, senhor."

Sem deixar espaço para a continuação da conversa, o mestre da imaginação se retirou.

Na manhã seguinte, quando chegou ao seu escritório na universidade, ele encontrou o homem dos bondes à sua espera. Os dois entraram juntos, permaneceram lá dentro por uma hora, depois saíram sorrindo. Harper tinha um cheque nas mãos, e o sacudia no ar para secar a tinta. Era um cheque de um milhão de dólares.

O homem dos bondes tinha encontrado um jeito de superar o inimigo, como o astuto Harper imaginava que seria. Além disso, ele havia fechado o negócio entregando o dinheiro com a condição de que Harper seria pessoalmente responsável por sua aceitação.

Se é habilidade de vendas baseada em imaginação o que você quer, aí está. Os que conheciam o homem dos bondes disseram que nenhum outro plano poderia ter sido bem-sucedido. E esta é outra coisa sobre esses homens que desenvolvem a imaginação pelo uso: eles geralmente sabem com precisão que o plano vai funcionar. Essa é uma parte essencial de seu treinamento.

HILL: O sucesso de Harper foi resultado apenas da compreensão e uso da imaginação, ou outros fatores estavam presentes?

CARNEGIE: Nesse caso, eu diria que ele usou visão criativa, não só imaginação.

HILL: Qual é a diferença entre imaginação e visão criativa? Os dois termos parecem ser sinônimos.

CARNEGIE: Não, não são a mesma coisa. Visão criativa é uma habilidade adquirida pela qual se fazem duas coisas muito importantes, a saber: primeiro, torna-se alerta para reconhecer oportunidades favoráveis à conquista de seus objetivos e propósitos; segundo, desenvolve o hábito de agarrar essas oportunidades e agir a partir delas pelo esforço individual organizado.

Um homem pode ter uma imaginação muito aguçada em relação a uma linha especializada de trabalho, ou sobre algum assunto técnico; é o caso do inventor, por exemplo; mas podem faltar a ele visão criativa e a ação necessária para comercializar sua capacidade inventiva. Descobrimos que isso vale para muitos inventores.

Um homem pode ter imaginação como artista, como a têm, de fato, muitos deles, mas não ter a visão criativa necessária para tornar sua habilidade artística um negócio de sucesso. Entende o que digo?

> *Edison teve a persistência de continuar tentando diante de dez mil fracassos.*
> — ANDREW CARNEGIE

HILL: Sim, entendo claramente. Que outros fatores são associados à visão criativa?

CARNEGIE: Bem, a melhor resposta que posso lhe dar é descrever o procedimento do homem que tem visão criativa. Você vai observar, a partir da minha descrição, que visão criativa encontra muitos outros princípios da realização individual.

Primeiro, o homem com visão criativa (um homem como Harper) desenvolve a prontidão da mente para reconhecer oportunidades favoráveis ao próprio avanço.

Segundo, ele se move com definição de objetivo ao agarrar as oportunidades.

Terceiro, ele planeja cada movimento que faz, por intermédio do esforço organizado.

Quarto, ele reconhece e usa o princípio do MasterMind, por meio do qual se abastece da habilidade e do conhecimento de outros.

Quinto, ele remove limitações da própria mente reconhecendo e usando fé aplicada, e assim abrindo a mente para a orientação da Inteligência Infinita. Nenhum homem pode ter visão criativa sem o auxílio da fé, e é por isso que fé é a essência da habilidade criativa.

Em sexto lugar, ele adota o hábito de realizar o esforço extra, atraindo assim oportunidades favoráveis para si mesmo.

Sétimo, ele mantém a mente definitivamente sintonizada nas circunstâncias e condições daqueles que o cercam, não só observando a tendência geral dos tempos, mas também prestando muita atenção aos problemas, necessidades e desejos das pessoas em geral.

Oitavo, ele se move por iniciativa pessoal, sem ser impelido a isso.

Nono, ele assume total responsabilidade pelos próprios atos e depende da solidez do próprio julgamento para a formação de planos, tendo antes avaliado amplamente o conselho de outras pessoas, por meio do princípio do MasterMind.

Décimo, ele desenvolve e usa a faculdade da imaginação sintética e a da imaginação criativa. Note, porém, que esses dois fatores constituem não mais que um décimo dos princípios usados pelo homem de visão criativa.

Acho que isso deve lhe dar uma boa compreensão da diferença entre imaginação e visão criativa.

HILL: Sim, a diferença é clara. E também é muito grande. Imagino que isso responde à minha pergunta sobre por que tão poucas pessoas parecem usar a imaginação.

CARNEGIE: O que você realmente quer dizer é que poucas pessoas usam a visão criativa. Todas as pessoas normais usam imaginação, em uma ou outra medida, mas poucas usam visão criativa. Como demonstrei com clareza, imaginação é só um dos fatores da visão criativa.

A indústria americana de hoje é obra de homens com visão criativa. Quando homens com esse tipo de visão juntam dinheiro ao trabalho, criam riqueza em sua forma mais útil: riqueza na forma de empregos; na forma de altos padrões de vida; de educação, que abrange experiência e habilidade em todas as esferas da vida.

Homens com visão criativa são construtores. Eles nunca destroem. São positivos, não negativos. Constroem nossos grandes sistemas de ferrovias; constroem nossos arranha-céus e ampliam os limites de nossas grandes metrópoles; eles nos dão o telefone, o avião, o automóvel e os diversos artefatos para o controle e uso da eletricidade. Também nos dão o mais eficiente sistema de governo conhecido pelo mundo civilizado, dentro do qual cada cidadão americano tem o privilégio de exercer sua iniciativa pessoal em toda a extensão de sua visão criativa e sua habilidade individual.

Quando você olha além da superfície dessa coisa chamada visão criativa, descobre que ela é a precursora da civilização. Ao longo das eras, podemos encontrar evidências de que a civilização se desenvolveu pela liderança de um número relativamente pequeno de homens. Esses eram os homens que tinham visão criativa, aqueles cuja prontidão mental os mantinha sempre à frente das massas. Eram homens como Samuel Adams, Richard Henry Lee, Thomas Jefferson, John Hancock, George Washington, Thomas Paine e os outros grandes patriotas de seu tempo que arriscaram vida e fortuna para dar vida à América que conhecemos hoje.

Avalie esses homens por seus feitos e veja como, com certeza, eles usaram os dez fatores da visão criativa que já mencionei.

HILL: O que leva os homens a desenvolver a visão criativa? Ou essa é uma característica inata de que só alguns poucos são dotados?

CARNEGIE: Posso responder melhor à sua pergunta citando os motivos básicos por trás de todas as ações. Motivo é a mola mestra de todo esforço humano. Escolha qualquer homem que saiba ter visão criativa, analise-o com cuidado, e vai descobrir que ele foi estimulado por algum motivo convincente.

O principal motivo dos homens que deram a essa nação sua libertação era o desejo de liberdade.

O motivo dos grandes líderes da indústria que nos deram nossa América industrial era o desejo de ganho financeiro, popularmente conhecido como "motivo de lucro". Em muitos casos esses homens foram motivados pelo desejo de autoexpressão, que é outro motivo básico. Mas sempre esteve presente um motivo definido que inspirou nossos líderes a agir.

Um dos maiores fatores do estilo de vida americano é que todo o nosso sistema econômico e nossa forma de governo são projetados e operados para oferecer prêmios e recompensas à expressão de iniciativa pessoal. O "motivo de lucro" e a iniciativa pessoal são inseparáveis. No estilo de vida americano, o "motivo de lucro" é o maior de todos os motivos que inspiram a iniciativa pessoal. Se esse motivo fosse eliminado, ou reduzido, a maior fonte de nossa riqueza nacional seria igualmente depreciada.

Quero enfatizar esse ponto, porque posso ver uma tendência para hábitos e práticas que desestimulam o exercício da iniciativa pessoal. Alguns homens têm a falsa ideia de que, limitando a quantidade de trabalho que um homem tem permissão para realizar, novos empregos são criados. Sem entrar em uma análise detalhada dessa filosofia, posso lhe dizer que o homem que permite que alguém limite a quantidade de serviço que ele presta estabelece, dessa forma, uma limitação definida sobre o valor que pode ganhar, e essa limitação normalmente fica em torno das necessidades mínimas de vida, e não mais.

Homens com visão criativa nunca limitam a quantidade de serviço que podem prestar. Pelo contrário, estendem seus serviços em todas as direções possíveis fazendo o esforço extra. Não há outra maneira pela qual um homem pode fazer uso pleno de seu privilégio de iniciativa pessoal.

Para obter mais da vida, é preciso dar mais.

Essa é uma verdade da qual nenhum homem pode escapar. A natureza a fixou em todas as leis naturais; portanto, não é uma regra criada pelo homem.

HILL: Então, seria um infortúnio se nossa forma de governo fosse tão modificada que desestimulasse o povo dos Estados Unidos a acatar essa lei e observá-la.

CARNEGIE: Não só um infortúnio, mas também uma tragédia. Se você examinar com cuidado as pedras angulares do americanismo, vai ver que todo o estilo de vida americano provê a cada indivíduo recompensas adequadas para que ele abrace as suas principais causas. Em nenhum lugar da configuração econômica você vai encontrar alguma coisa que desestimule os homens a reforçar suas próprias iniciativas para alcançar esses objetivos. E posso acrescentar que nosso atual elevado padrão de vida se deve inteiramente ao fato de a forma americana de governo ter sido projetada para incentivar o indivíduo a usar suas causas.

HILL: Você acredita que o estilo americano de vida, como tem sido proporcionado por nossa forma de governo, é responsável pelo fato de esta nação se distinguir no mundo todo pelo grande número de homens com visão criativa de que podemos nos gabar?

CARNEGIE: Você acertou na mosca com essa pergunta. Sim, sem dúvida, a supremacia da indústria americana e nossa liderança em outras áreas se devem ao incentivo fornecido por nossa forma de governo. Leia com atenção a Constituição dos Estados Unidos e observe com que clareza ela garante a proteção do direito à livre empreitada e o privilégio da iniciativa pessoal.

Agora, examine com cuidado os elementos da visão criativa e perceba como todos levam, inevitavelmente, à questão da iniciativa pessoal. Tire esse privilégio de um homem, ou limite-o de qualquer maneira, e você vai atingir em cheio o maior privilégio disponível para o povo americano. É a iniciativa pessoal dos grandes líderes que tem feito da América a inveja do restante do mundo. Não há como fugir dessa conclusão, por mais que tentemos evitá-la.

HILL: Entendo que você incentivou os membros de seu grupo de MasterMind a enriquecer. A política de pagar mais a seus associados pelo esforço extra foi seu método de incentivar a iniciativa pessoal. É essa a ideia?

CARNEGIE: É exatamente essa a ideia. Só existe uma maneira satisfatória de induzir o homem a fazer seu melhor, e é colocando diante dele um motivo suficientemente atraente para inspirá-lo a agir por iniciativa própria. A natureza e o escopo do motivo devem ser medidos pela habilidade potencial e pelas características pessoais do homem que se pretende inspirar. Isso costuma ser determinado pelas ambições e limitações pessoais do indivíduo. Alguns homens desejam somente obter segurança econômica. Outros, ainda, são autolimitados pelo desejo de suprir somente as necessidades da vida. Outros querem grandes riquezas, e não podem ser induzidos por outro motivo que não seja o da abundância.

Porém, devo dizer que, de todos os milhares de associados que já estiveram ligados à minha indústria, menos de cinquenta eram motivados pelo desejo de grandes riquezas. Ajudei mais de quarenta deles a alcançar o objetivo desejado, que era tornar-se milionário ou mais. Oito ou dez outros desejavam grandes riquezas, mas não conquistaram seu objetivo porque deixaram de aplicar as regras da realização individual que os teriam levado a alcançar o alvo.

Acho que pode ser interessante saber que a maioria desses que não chegaram ao objetivo, depois de terem percorrido uma longa distância em direção à sua realização, frustraram-se por terem negligenciado o princípio do esforço extra. O sucesso exerceu sobre eles o efeito contrário àquele que deveria ter provocado. Ele os fez começar a pensar que deviam ser pagos pelo que sabiam, não pelo que faziam ou induziam outras pessoas a fazer. Esse é um erro fatal para muitos que começam bem rumo ao sucesso, mas reduzem a velocidade quando o têm ao alcance da visão.

HILL: Não existem empregadores que estabelecem limitações arbitrárias para o dinheiro que permitem que seus trabalhadores associados ganhem?

CARNEGIE: Sim, há muitos, mas cite um deles, se puder, que se destacou pelo sucesso em seu campo. Sucesso é algo que um homem precisa distribuir para poder conservar. O homem que ajuda o maior número possível de pessoas a alcançar o sucesso é, ele mesmo, o maior sucesso. É assim desde o início da civilização. Sempre será. Os fundadores desta nação reconheceram essa verdade e a escreveram na Constituição dos Estados Unidos, dando a cada cidadão o máximo de privilégios pessoais que se poderia conceber, com o propósito de inspirar os indivíduos a desejar mais e conquistar esses objetivos.

HILL: Pode-se dizer que os homens que escreveram a Constituição dos Estados Unidos eram homens de visão criativa?

CARNEGIE: Sim, e eram os mais notáveis nesse aspecto que esta nação ou qualquer outra jamais conheceu. Sem visão criativa, eles não poderiam ter tido a previdência e a sabedoria para preparar uma Constituição que concede direitos iguais a todos os homens. Esses homens eram estadistas no verdadeiro sentido da palavra. Hoje temos muitos políticos, mas poucos estadistas.

HILL: O que aconteceu para provocar essa redução no número de grandes estadistas como aqueles que deram vida a esta nação?

CARNEGIE: Vou lhe dizer o que aconteceu. Este país se tornou tão rico e próspero, e a liberdade pessoal se tornou tão barata, que os homens não são mais motivados pelo desejo de liberdade pessoal como os estadistas do passado.

HILL: Em outras palavras, nossa superabundância nos fez indolentes e indiferentes. É essa a ideia?

CARNEGIE: Sim, ficou tão fácil para um homem obter tudo que quer neste país que o espírito de pioneirismo e a vontade de autonomia se enfraqueceram. Existem perigos associados a presentes que não foram conquistados. Os presentes da liberdade pessoal e o direito à livre empreitada, proporcionados pelos fundadores desta nação, tornaram-se tão fáceis que as pessoas começaram a confundir seus privilégios com o direito de esperar algo em troca de nada.

HILL: A partir de seus comentários, concluo que o presente da superabundância ofertado por Tio Sam na forma de liberdade pessoal, como é garantida pela Constituição, às vezes faz os sobrinhos esperarem do tio rico o que querem, em vez de produzirem essa satisfação prestando serviço útil. É mais ou menos isso?

CARNEGIE: É exatamente isso. É claro que essa tendência vai se corrigir com o tempo, mas não enquanto o país não for sacudido por uma grande emergência nacional que ensine ao povo a falácia que é esperar algo em troca de nada. Pode ser uma abrangente depressão, ou pode ser uma guerra que obrigue as pessoas a unir forças e lutar mais uma vez pelo privilégio da liberdade que foi concedido a elas quando esta nação nasceu. Seja o que for, uma coisa é certa: as pessoas não podem seguir eternamente reduzindo a quantidade de serviço que prestam e exigindo mais pagamento sem que a catástrofe se abata sobre elas.

HILL: Então, não acha que existe algo errado com o sistema econômico americano, mas sim que há algo radicalmente errado com o povo que vive nele? É esse seu ponto de vista?

CARNEGIE: Não é só meu ponto de vista, é a verdade. Não é de estranhar que tenhamos tão poucos homens de visão criativa, em oposição ao número esmagador de pessoas que violam todas as regras da visão criativa. Não há nada de errado com nosso sistema de governo, ou com nosso sistema econômico; mas há algo muito errado no uso que fazemos desses privilégios.

A mente em si mesma pode criar um céu de inferno, um inferno de céu.

— JOHN MILTON

HILL: Você é o líder reconhecido da indústria do aço. Suas realizações nessa área superaram todas as outras de tal forma que não há nem comparação possível. Reduziu o preço do aço de US$ 130 a tonelada para cerca de US$ 20 a tonelada. Fez desse ramo a espinha dorsal da indústria americana. Agora, poderia me dizer como avançou tanto em relação a todos os outros que se dedicam a esse ramo?

CARNEGIE: Você tem a resposta para essa pergunta nos dez fatores da visão criativa que mencionei.

HILL: Quer dizer que observou e aplicou esses princípios, enquanto outros da área não fizeram o mesmo?

CARNEGIE: Ah, eu não colocaria apenas dessa maneira. Prefiro dizer que apliquei esses princípios de maneira mais persistente que muitos outros. A diferença entre minhas realizações e as dos outros na indústria do aço se deve, em grande parte, à diferença na aplicação dos princípios.

HILL: Então não afirma ter mais capacidade que os outros, apenas mais capacidade de aplicar princípios sólidos? É isso?

CARNEGIE: Sim, é isso. E devo acrescentar que essa mesma diferença na questão da aplicação dos princípios é a maior entre aqueles que alcançaram o sucesso e os que fracassaram em outras esferas da vida. Os princípios da realização bem-sucedida são tão definidos quanto as regras da matemática. Alguns homens compreendem essas regras e as aplicam com persistência. Outros podem entendê-las, mas as aplicam com menos persistência. Naturalmente, quanto mais persistente é o homem, maior é o sucesso.

HILL: Sempre tive interesse em entender mais sobre a transição da pobreza para a riqueza. Praticamente todo homem muito rico nos Estados Unidos parece ter começado do zero, sem nada além de uma mente firme e uma oportunidade como qualquer homem tem dentro do estilo de vida americano. O que gostaria de saber é: qual é o primeiro movimento que um homem faz quando se cansa da pobreza e decide ser rico? Onde fica o ponto exato em que acontece a transição da pobreza à riqueza, e como se pode chegar a esse ponto?

CARNEGIE: Suas questões abrangem um terreno grande o bastante para me fazer falar por um mês, mas farei o possível para responder. Para começar, quero responder categoricamente lembrando que é responsabilidade de toda filosofia da realização individual fornecer respostas para todas as suas perguntas. Porém, serei mais específico e darei pelo menos um ponto inicial a partir do qual você poderá chegar às próprias respostas.

Em primeiro lugar, um homem deve ter a necessária visão criativa para poder reconhecer a oportunidade específica que é mais adequada a ele, considerando a quantidade de riqueza que quer e o tipo de serviço que tem a oferecer em troca. Essa é, com certeza, a primeira coisa a ser considerada.

Em seguida, é fato conhecido que todo mundo quer riquezas. Mas, em geral, os desejos contemplam alguma coisa por nada, ou algo maior que o valor daquilo que é dado em troca. O segundo passo, então, é acabar com essa falácia reconhecendo que não existe a realidade de alguma coisa por nada, ou alguma coisa por menos que seu valor real.

HILL: Pela maneira como está começando, entendo que a questão de passar da pobreza à riqueza envolve preparação organizada. É nisso que pretende chegar?

CARNEGIE: Agora você pegou a ideia, exatamente. Riqueza não vem do desejo. Vem de uma fonte mais substancial, cuja natureza vou tentar esclarecer. E devo também acrescentar que não existem atalhos para a riqueza. Embora o caminho para ela seja bem sinalizado, também é longo, e em alguns trechos o progresso fica difícil. Esses trechos difíceis fazem milhões de vítimas que começam a jornada, principalmente porque, quando o progresso fica difícil, a maioria das pessoas desiste e volta, ou abandona a corrida completamente.

Agora, vamos continuar com a resposta para suas perguntas.

O homem que se prepara para mudar da pobreza à riqueza é como um fazendeiro que quer transformar uma floresta em um campo produtivo. Primeiro ele limpa a madeira e os destroços. Depois ara o chão e condiciona o solo. Depois planta a semente. Mas todos esses passos devem ser dados com inteligência, e na estação certa do ano, ou nenhuma colheita será feita.

É exatamente o mesmo procedimento com o homem que decide pôr fim à pobreza. Primeiro ele deve limpar a mente de todas as negativas e limitações autoimpostas. Depois deve fazer o inventário de sua educação, experiência, aptidões naturais e habilidade geral, e assim verificar o que tem a oferecer. Depois disso ele tem que estudar o mercado em relação ao serviço que é capaz de prestar. Aqui entra um dos mais importantes princípios da realização individual, o de fazer o esforço extra. Nunca ouvi falar de ninguém que tenha passado da pobreza à riqueza sem aplicar esse princípio, e essa aplicação é questão de hábito.

Até esse ponto a preparação se concentrou, principalmente, em remover os obstáculos que se colocam entre homens e sucesso. O próximo passo é se tornar autoconsciente do sucesso: a riqueza costuma gravitar para o homem que decidiu tê-la. Indolência, indiferença, limitações autoimpostas e desencorajamento nunca atrairão riqueza.

Depois que atraiu atenção favorável para si mesmo pelo hábito de fazer o esforço extra, o homem está em posição de adotar um objetivo maior definido e começar a expressá-lo em ação, por meio de um plano definido. Seu objetivo maior será baseado, naturalmente, no tipo de serviço que ele tem para oferecer.

A partir desse ponto, ele aplica os princípios da realização individual em quaisquer combinações, e em quaisquer circunstâncias, que seu objetivo maior pedir. Mas, lembre-se, ele não desiste quando o progresso fica difícil. Se carregou a mente de maneira apropriada com a consciência do sucesso, ele não quer desistir. Essa preparação é essencial para a aquisição de riquezas.

Aqui quero dar um aviso: o homem cujo único propósito é adquirir riquezas está mais propenso a se desapontar. A melhor de todas as atitudes para se começar a transição da pobreza à riqueza é aquela em que um homem centra seus pensamentos mais no serviço que presta do que na riqueza que está buscando.

A riqueza que é perseguida apenas por ela mesma tem muitas formas de se esquivar, escapar da captura. Na verdade, receio que bem poucos reconheçam essa verdade. Acredito sinceramente que o melhor jeito de um homem acumular riquezas é se tornando indispensável por meio de alguma forma de serviço útil. Toda a minha experiência confirma isso. Tudo que aprendi com as experiências de outros homens apoia esse pensamento.

HILL: Então não é possível um homem acumular riquezas por atalhos ou se juntando a outros que, por força dos números, exijam mais que o valor dos serviços que prestam?

CARNEGIE: Ah, sim, os homens podem, e às vezes usam atalhos para a riqueza, mas suas chances de sucesso são tão remotas que esse método é altamente incerto. Não é incomum que leve à prisão, e às vezes a um destino pior. Aqueles que "se salvam" – e o número é comparativamente pequeno – descobrem que seus ganhos não são permanentes. Costumam derreter como a neve sob o sol quente. Ganhos mal adquiridos são sempre um mau negócio.

Homens que obtêm alguma vantagem temporária pela simples força dos números podem exigir e receber, por um tempo, mais que o valor justo por seus serviços, mas são como aquele homem que matou a galinha que punha os ovos de ouro. O mercado por seus serviços se esgota, às vezes porque o comprador vai à falência, às vezes porque se recusa a ser enganado. Trapaça, qualquer que seja sua forma ou disfarce, volta para o trapaceiro como um bumerangue, para constrangê-lo. É por isso que a Regra de Ouro aplicada é, por necessidade, um dos princípios da realização individual.

Tudo isso pode parecer um sermão, mas lembre-se de que também parece filosofia. É a soma e a substância das experiências dos homens que tentaram todos os métodos para acumular riquezas. Felizardo, de fato, será aquele que aceita esse dado como verdadeiro, em vez de ter que aprender essa verdade tentando o contrário.

HILL: Qual é o requisito mais importante do homem que pretende acumular riquezas, pressupondo que seja possível resumir a resposta a uma coisa mais importante que todas as outras?

CARNEGIE: Isso é fácil. O mais importante é a habilidade para negociar com outras pessoas com um mínimo de atrito, de forma a obter o máximo de cooperação amistosa. Isso é simplesmente outro jeito de dizer que a coisa mais importante da vida são as "relações humanas". Todo sucesso e todo fracasso são resultado de relações humanas. O homem que aprende a negociar com outros a fim de conquistar sua confiança e cooperação amistosa percorreu nove décimos do caminho para o sucesso. Daí em diante, a jornada será definida e fácil. Nessa conquista, a Regra de Ouro e o princípio do esforço extra são de vital importância.

HILL: Você conhece algum argumento concreto contra qualquer princípio descrito nessa filosofia?

CARNEGIE: Se você não tivesse incluído a palavra "concreto" na pergunta, eu teria me sentido inclinado a responder que sim. Mas, para responder à pergunta como você a formulou, digo que não. A única argumentação contra essa filosofia é aquela que pode ser oferecida por aqueles que querem alguma coisa em troca de nada, ou por quem quer encontrar defeitos em homens que alcançaram o sucesso, ou por invejosos. Devo incluir também aqueles que gostariam de destruir o estilo de vida americano.

Salvo essas exceções, não há ninguém que possa ou tenha probabilidade de tentar questionar a solidez dessa filosofia. Na verdade, ela é tão obviamente sólida que não é contestada por ninguém, exceto por aqueles que mencionei.

HILL: Agora voltemos à sua definição de visão criativa. Quero ter certeza de que entendo o completo significado desse princípio, e também quero ter a plena compreensão de sua aplicação nas questões práticas da vida diária. Portanto, poderia analisar esse princípio de maneira mais abrangente?

CARNEGIE: Por mais que eu já tenha descrito o que é o princípio e o que se pode conseguir com sua aplicação, talvez fosse bom eu dizer agora o que ele não é. Não consigo pensar em exemplo melhor para a falta de visão criativa que o caso de um conhecido meu que pediu para investir cinco mil dólares na indústria automobilística de Henry Ford no início, quando Ford precisava muito de capital de giro.

Esse homem tinha o dinheiro e queria investir. Ele me consultou sobre as possibilidades de um investimento na indústria Ford, e eu o incentivei com veemência a ir em frente, colocar seu dinheiro na empresa. Vários meses mais tarde, perguntei a ele se havia seguido meu conselho, e ele disse que não.

"Em primeiro lugar", disse, "esse automóvel é uma moda nova e logo vai se esgotar."

Bem, esse foi o erro número um, que demonstrou sua falta de visão.

"E em segundo lugar", ele exclamou, "não acredito que esse tal Ford saiba o que está fazendo."

Esse foi o erro número dois, que também mostrou que ele não tinha visão.

"E em terceiro lugar", continuou o homem, "se puser meu dinheiro nisso, não terei segurança nele, porque o negócio é só uma ideia."

Esse foi o erro número três, que mais uma vez mostrou sua falta de visão, porque homens de visão reconhecem as boas ideias como um bem entre os mais seguros e mais valiosos.

Mais ou menos na mesma época em que meu conhecido teve uma oportunidade de investir seu dinheiro com Henry Ford, outro homem, chamado James Couzens, chegou com cinco mil dólares e uma aguçada imaginação criativa. Ele não só investiu seu dinheiro na empreitada de Ford, como também prestou serviços ao negócio. Ele ainda está na empresa, e embora eu não saiba quanto tem de participação nela, posso supor que não é menos que vinte vezes seu investimento original, se não for mais.

James Couzens entendia o valor das ideias. Ele também viu um futuro no ramo automobilístico, e é claro que nem preciso mencionar que ele percebeu que Henry Ford "sabia o que estava fazendo".

> [**Nota do autor**: Muitos anos depois dessa declaração de Andrew Carnegie, James Couzens deixou a Ford, e eu soube por fontes seguras que ele recebeu doze milhões de dólares por sua parte na empresa, sem mencionar outros valores, como salários e rendimentos de seu investimento, enquanto estava na companhia.]

HILL: Voltando à sua história do Dr. Harper, da Universidade de Chicago. Você diria que ele aplicou os dez princípios da visão criativa?

CARNEGIE: Bem, analise a astúcia com que ele conseguiu assegurar uma doação de um milhão de dólares em menos de uma hora de um homem que não conhecia antes, e você terá sua resposta.

Mas eu conhecia bem Harper. Então posso dizer que sim, definitivamente, ele aplicou intencionalmente os princípios da visão criativa em praticamente tudo que fazia. Era conhecido longe e perto como o mais capaz angariador de fundos no campo educacional.

Agora me deixe citar outro homem que tinha o bônus da visão criativa. Seu nome é Hugh Chalmers, hoje chefe de uma grande fábrica de automóveis em Detroit.

Quando Chalmers era gerente-geral de vendas da National Cash Register Company, sua empresa foi envolvida em uma controvérsia com os concorrentes que a levou à beira da falência. Os negócios despencavam com uma velocidade alarmante. Os vendedores de campo mandavam relatórios pessimistas de sua incapacidade de fechar negócios, embora Chalmers soubesse bem que havia muitos negócios a serem feitos.

Sendo um homem de visão criativa, ele diagnosticou o caso, determinou a causa do declínio nos negócios e traçou um plano para consertar o mal. Se você observar homens que têm visão criativa, vai aprender que eles não desistem quando encontram dificuldades. Em vez disso, geralmente exercem mais pressão e se preparam para a batalha, seja qual for a dificuldade. Bem, Chalmers eram assim.

Depois de formular um plano definido para a solução de seu problema, ele telegrafou para cada vendedor de campo para que se apresentassem no escritório da sede, em Dayton, Ohio, para uma reunião. Quando todos chegaram, ele convocou uma reunião no auditório da empresa. A reunião começou. Chalmers se levantou e falou para os vendedores assim: "Cavalheiros, suponho que estejam se perguntando por que mandamos chamá-los às pressas. Bem, vou direto ao ponto e satisfarei sua curiosidade. Por vários meses, vocês têm me bombardeado com todo tipo de desculpas pessimistas para seu fracasso em enviar pedidos. Alguns deram uma desculpa para o declínio nas vendas, outros deram outra; mas há uma coisa sobre a qual todos parecem concordar, e é o fato de que tem alguma coisa errada no campo dificultando suas vendas".

Então anunciou: "Agora vou lhes contar qual é o verdadeiro problema: nossos concorrentes divulgaram um relatório que anuncia que estamos prestes a falir, e vocês, cavalheiros, se deixaram levar pela onda desse relatório e o fortaleceram com seu medo. Há muitos negócios para fechar no campo, mas vocês compraram medo, em vez de vender National Cash Register. Posso lhes dizer aqui e agora que, a menos que se livrem desse medo e voltem a trabalhar, terão algo real para temer, porque todos vocês terão que procurar outro emprego". E concluiu: "Essa é minha análise do caso, mas não vou impô-la a vocês sem lhes dar uma chance de falar por si mesmos. Posicionem-se agora, digam-me com suas próprias palavras qual pensam ser o problema".

Tendo declarado com franqueza o que pensava estar acontecendo, Chalmers abriu a reunião para uma discussão livre de que cada vendedor presente foi convidado a participar. O primeiro homem ficou em pé e começou a desabafar. "Não posso falar pelos outros vendedores, mas falo por mim. Tudo que sei é que alguma coisa aconteceu para acabar com minha coragem. Mais que isso, sinto todos os comerciantes hostis à nossa empresa no momento em que anuncio meu produto e ao que estou ligado. Além disso, as safras foram um fracasso na minha região, e não acredito que os comerciantes comprariam caixas registradoras nem mesmo se gostassem da nossa empresa."

Depois de fazer essa declaração pessimista, o vendedor sentou-se. Outro se levantou e começou a expor o que o inquietava. "Posso confirmar tudo que acabou de ser dito", ele começou, "e ser ainda mais enfático. Bem, vocês sabem que no meu território, uma área de pecuária, o preço do gado caiu até perturbar toda a comunidade? Além disso, este é um ano de eleição presidencial, e todo mundo espera para ver quem vai ser eleito antes de comprar alguma coisa. E tem mais..."

Ele não continuou com suas afirmações. Nesse ponto, Hugh Chalmers pulou em cima da mesa, levantou as mãos pedindo silêncio e exclamou: "Quero que alguém se levante e diga o que tem de certo em sua região. Esqueçam o que acham que está errado, por enquanto, e me deem notícias encorajadoras. Sei que conseguem, se forem honestos e disserem a verdade, embora tenham que fazer confissões constrangedoras para isso".

Outro vendedor se levantou e disse: "Sr. Chalmers, entendo exatamente o que quer dizer. Também cheguei aqui preparado para despejar uma enxurrada de desculpas, mas a verdade é que não tenho trabalhado com a atitude mental correta. Não posso falar por ninguém além de mim mesmo, mas posso lhe prometer que vou voltar à minha área e garantir pedidos, em vez de desculpas".

Ele sentou-se, e outro homem ficou em pé. Ele disse: "Sim, e eu posso dar um passo além do último colega que falou. Vou voltar ao meu território com um ânimo diferente, e garanto mandar o dobro de pedidos que já mandei dessa área no passado".

Quando ele se sentou, outro homem se levantou e exclamou: "Eu também quero dizer que acho que todos devemos nos desculpar pelo trabalho que lhe demos, ter que nos chamar aqui para essa merecida crítica. Volto com a firme determinação de dobrar meus pedidos. Se eu falhar, talvez tenha que considerar minha demissão".

Um depois do outro, os vendedores ficaram em pé e fizeram declarações semelhantes. Duas horas mais tarde, a reunião foi encerrada, e os homens começaram a partir para suas regiões. No mês seguinte a empresa dobrou o valor de vendas de qualquer mês anterior. E ouvi dizer que esse procedimento dramático de um homem com visão criativa salvou a National Cash Register Company do desastre financeiro.

E a história é assim sempre que você encontra um homem com visão criativa. Esses indivíduos não conhecem a palavra "impossível". Transformam as pedras em que tropeçam em degraus. Como Luther Burbank, fazem crescer duas folhas de grama onde antes só crescia uma.

Homens de visão represam grandes rios e aquecem o coração da população feliz, que pode ler seus livros favoritos depois do expediente com iluminação tão ampla quanto o sol do meio-dia. Eles apertam um botão ao pôr do sol e pronto, o sol nasce de novo.

Da mesma maneira, mentes pioneiras tocam uma mola em uma máquina, e ela começa a falar.

Esses pioneiros estendem uma rede de trilhos através do deserto, e a terra fornece grãos dourados em quantidade suficiente para alimentar a nação.

Eles juntam algumas rodas e umas peças de metal, e transformam tudo isso em carros sem cavalos movidos pela própria força.

Colocam algumas peças de alumínio em um pequeno receptor, conectam o aparelho à energia elétrica e pronto: ele transmite o som da voz humana ao outro lado do continente. Amigos em cidades distantes conversam como fazem os vizinhos.

Eles constroem telégrafos e cabogramas através de oceanos e continentes, e transações comerciais em cantos distantes da Terra são realizadas em poucos momentos para atender consumidores pelo mundo.

Eles constroem meios de transporte e grandes lojas de varejo, e os mercados do mundo são levados à porta de todo homem.

Homens de visão enviam um exército de trabalhadores ao Panamá, orientam seu trabalho e cortam dois continentes ao meio, poupando assim milhares de quilômetros e milhões de dólares em transporte.

Esses homens de visão unem alguns pedaços de bambu, os cobrem com tecido, conectam a um pequeno motor a gasolina, e essa coisa decola como um pássaro.

De maneira semelhante, homens com ideias começam com o equivalente a dezoito dólares em relógios, os vendem a alguns amigos e progridem do início humilde até se tornarem a maior casa de venda por catálogo da América.

Igualmente, homens previdentes assinam sem medo um documento que sabem que pode se tornar sua sentença de morte, e por sua coragem dão liberdade à maior nação do mundo.

Esses grandes espíritos colocam suas canetas sobre uma proclamação, assinam seus nomes e libertam uma raça escravizada.

Homens de visão introduzem um pedaço de vidro em um pequeno tubo, o apontam para o céu e revelam ao olho humano mundos jamais vistos antes.

Eles partem para oceanos inexplorados em embarcações frágeis, pouco mais dignas do mar que um barco a remo, e seguem em frente até descobrirem um novo mundo.

Dominam as ondas do oceano e transformam seu poder em energia elétrica que faz girar as rodas da indústria.

Eles escrevem um ensaio chamado "Compensação" e revelam ao mundo todo a impossibilidade de tentar conseguir alguma coisa em troca de nada.

Homens previdentes enchem garrafas com um líquido agradável, marrom, dão a ele o nome de Coca-Cola, alegram milhões de corações e matam a sede do mundo, sem falar nas fortunas acumuladas por aqueles que distribuem a bebida.

Outros homens de visão pregam um preceito simples conhecido como Sermão da Montanha e dão ao mundo inteiro um exemplo de relacionamento humano digno de ser imitado.

Eles preveem o futuro olhando para o passado.

Homens com ideias escrevem livros que tiram seus semelhantes das profundezas do desespero e dão a eles um novo começo na vida.

Mentes pioneiras combinam os metais da terra em ligas que resistem à ferrugem e servem ao homem em milhares de maneiras úteis.

Eles atravessam os rios mais largos com pontes suspensas por cabos de aço.

De fato, esses homens de visão criativa proporcionam aos cidadãos mais humildes da América luxos que reis e potentados de eras passadas jamais conheceram.

Verdadeiramente, não há nada impossível para o homem com visão criativa. Ele é o precursor da civilização, o inspirador da iniciativa individual, o protetor da liberdade humana.

E assim segue a história, sempre, até o infinito. Onde houver homens com visão criativa, serão encontrados progresso, prosperidade e elevados padrões de vida.

Você queria saber mais sobre o princípio da visão criativa? Muito bem, procure onde houver um negócio próspero, e encontrará um indivíduo com essa capacidade. Pode ser um homem escondido nos bastidores. Alguém sobre quem o público pouco conheça, mas ele estará lá da mesma maneira. Tem que estar, ou não haveria um negócio bem-sucedido.

E posso lhe dizer mais uma coisa que todo o povo dos Estados Unidos deveria saber: quando pararmos de incentivar os homens a usar a visão criativa, será melhor fechar a indústria americana e ir para casa, se é que ainda teremos casas para onde ir. Homens de visão criativa são responsáveis por cada fábrica e por cada emprego em todas elas. Eles também são responsáveis pelo estilo de vida americano como conhecemos atualmente.

HILL: A partir de sua análise de visão criativa, concluo que acredita que essa faculdade, falando de maneira geral, é desenvolvida como resultado de um motivo definido que estimula a imaginação até levá-la a proporções obsessivas.

CARNEGIE: Resumiu bem a ideia. Mas tem mais uma coisa que eu gostaria de dizer em relação a essa questão do motivo: em vez de recompensar homens de visão criativa com adjetivos e críticas, eles deveriam ser recompensados com honorários apropriados retirados dos fundos públicos, não como uma forma de pagamento por seus serviços, mas como um reconhecimento dos benefícios que levam à humanidade.

O governo dos Estados Unidos deveria criar prêmios anuais para dar como honorários àqueles que, em cada área da indústria, dão as maiores contribuições como um todo e ao bem-estar geral por meio de sua visão criativa.

O mesmo plano deveria ser adotado em relação às profissões, ofícios, comércio e finanças.

O honorário deveria ser substancial, na ordem do sistema Nobel de prêmios anuais para realizações de destaque. Certamente, o país "mais rico e mais livre" do mundo é grande e previdente o bastante para reconhecer de forma apropriada aqueles que, por sua visão criativa, criaram e têm mantido o estilo de vida americano para o benefício de todo o povo.

Descobri que o sistema de prêmios é altamente lucrativo na indústria do aço; tão lucrativo, na verdade, que meu prêmio anual para alguns líderes que trabalharam comigo ultrapassou um milhão de dólares.

Bem, essa é minha ideia de como desenvolver visão criativa; em vez de usá-la como um alvo brilhante contra o qual homens de tendências radicais são estimulados a atirar, nós a colocamos como um objetivo que todos os homens são incentivados a buscar.

Indivíduos realmente sagazes reconhecerão a lógica dessa sugestão, é claro, e a adotarão para promoção pessoal. Aqueles que são realmente astutos sempre fizeram isso. O empregado que ignora as possibilidades desse sistema de reconhecimento para realizações de destaque entre seus trabalhadores é como a avestruz que enfia a cabeça na areia quando o perigo a ameaça.

HILL: Sua sugestão parece bem lógica. A melhor evidência disso é o fato de ela ter lhe rendido enorme fortuna.

CARNEGIE: Sim, se com a palavra "fortuna" você se refere ao conhecimento que adquiri por meio dos meus relacionamentos. O dinheiro que acumulei é apenas uma pequena fração da minha verdadeira riqueza. É possível encontrar evidências disso no fato de eu estar distribuindo esse dinheiro tão depressa quanto é possível distribuí-lo com segurança. A melhor porção das minhas riquezas é o conhecimento que estou oferecendo às pessoas por meio de sua cooperação. Quando seu trabalho estiver concluído, o povo da América, e talvez do mundo todo, reconhecerá a verdade de que a visão criativa é o guarda avançado da civilização, a base de todo progresso humano, a maior fonte de todas as riquezas.

Quero que as pessoas enriqueçam, mas a experiência pessoal me ensina que a maior de todas as formas de riqueza é a sabedoria prática pela qual os homens aprendem, de uma vez por todas, que não existe essa realidade do tudo em troca de nada. Tudo tem seu preço, e o universo inteiro é organizado de forma que esse preço tenha que ser pago; as riquezas materiais, como todas as outras formas de riqueza, são resultado da iniciativa pessoal expressa por meio do princípio de fazer o esforço extra.

O povo dos Estados Unidos precisa de uma nova filosofia. Se não a tiver, o futuro desta nação estará fadado ao fracasso. Nenhuma nação pode prosperar e crescer sem a liderança de homens com visão criativa. O povo deste país está desestimulando o desenvolvimento dessa qualidade; penalizam a iniciativa pessoal; reúnem-se em blocos e grupos que procuram alguma coisa em troca de nada; encorajam os homens a substituir o estadismo profundo por políticos corruptos; permitem que homens inescrupulosos se infiltrem nos gabinetes públicos e loteiem os tesouros públicos por não usarem seu direito de voto; substituem o serviço público por ganância pessoal; substituem Thomas Jefferson e outros grandes homens de visão criativa que deram a eles o privilégio da livre empreitada e da iniciativa pessoal por Karl Marx; suplantam a Igreja com o salão politicamente controlado.

Reconhecendo esses sinais dos tempos, posso prever o que vai acontecer à nação "mais rica e mais livre" do mundo se o povo não passar por um renascimento que o levará de volta a uma nova compreensão dos princípios da relação humana que foram responsáveis pelas pedras angulares do americanismo. Posso ler o futuro olhando para trás, para os dias do Império Romano, quando as pessoas se destruíam pelas mesmas fraquezas a que o povo dos Estados Unidos se entrega agora. Não preciso ser um profeta para prever o futuro dos Estados Unidos. Só preciso ler a história passada e entender que ela se repete.

Sabedoria adorna riquezas e suaviza a pobreza.

— SÓCRATES

HILL: Você acredita que o povo dos Estados Unidos terá bom senso para reconhecer uma filosofia sólida de realização individual quando ela for apresentada?

CARNEGIE: Se não acreditasse, não estaria investindo meu tempo em treiná-lo para dar a eles essa filosofia. Sim, acredito que o povo dos Estados Unidos é capaz de um despertar. É claro que não haverá um renascimento avassalador do pragmatismo, mas você encontrará alguns homens em todas as áreas e em todas as vocações que serão suficientemente astutos para reconhecer e adotar a filosofia como um meio de autopromoção. Pelo exemplo deles de aplicação bem-sucedida dessa filosofia, ela chamará a atenção de outros homens e se espalhará, assim como começou o cristianismo, na mente de um mero punhado de homens, e aos poucos se espalhou até ser a maior influência da civilização.

Mantenha em mente esta verdade: princípios sólidos, que obviamente são benéficos aos indivíduos para sua autopromoção, serão reconhecidos e adotados sempre e onde quer que sejam postos lado a lado com princípios inadequados. A verdade se imporá em contraposição à falsidade, como o sol radiante contra um fundo azul do espaço, sempre que os dois forem postos lado a lado.

Acredito que o povo dos Estados Unidos reconhecerá e adotará a filosofia da realização individual porque sei que ela é sólida. Guarde essas palavras e lembre-se do que eu disse: onde quer que encontre um homem que reconheça o valor dessa filosofia, você também encontrará um homem com a capacidade inerente da visão criativa. Observe esse homem com atenção e você o verá descartar o espírito do derrotismo e se lançar em uma nova empreitada de iniciativa pessoal. A imaginação dele se tornará mais aguçada. Ele desabrochará em contraste inconfundível em comparação aos seus trabalhadores. Seus amigos vão notar a mudança e falar dela. Ele prosperará independentemente da vocação escolhida, progredindo aos saltos. Seu sucesso inspirará outras pessoas a indagar sobre sua origem. Assim, a filosofia da realização individual ganhará uma base para se espalhar.

> [**Nota do autor**: A experiência com milhares de pessoas que adquiriram o conhecimento dessa filosofia forneceu inevitável evidência da sabedoria da profecia de Andrew Carnegie quanto à maneira pela qual ela se espalharia a partir dos próprios méritos. A filosofia já adquiriu uma base sólida nos Estados Unidos. Foi traduzida para o português, para ampla distribuição no Brasil. Uma edição especial foi publicada na Austrália, para distribuição por todo o Império Britânico, e ela foi traduzida para os grandes dialetos da Índia, para distribuição especial naquele país. Está em negociação a tradução para o espanhol, para distribuição em todos os países latino-americanos. Já foi adotada nas escolas públicas das Ilhas Filipinas e em muitas escolas nos Estados Unidos. Portanto, é possível observar quão aguçada foi a compreensão com que Andrew Carnegie profetizou que a filosofia poderia se tornar uma força de crescimento em um mundo problemático.]

HILL: Quanto tempo você acha que será necessário para popularizar a filosofia nos Estados Unidos de tal forma que ela substitua as filosofias radicais que hoje minam as pedras angulares do americanismo?

CARNEGIE: Ninguém pode responder a essa pergunta com algum grau de certeza, mas posso lhe dizer que o tempo necessário será muito menor que o tempo que você terá que dedicar à organização da filosofia. Como já afirmei, você terá que se dedicar a vinte anos de pesquisa, pelo menos, antes que a filosofia esteja pronta para ampla distribuição. Quando seu trabalho estiver concluído, haverá um período de aparente indiferença em relação a ele, como houve um período semelhante de indiferença pelas realizações de todos os homens que estiveram à frente de seu tempo. Se o país for assolado por alguma grande catástrofe, como uma depressão nacional, ou uma guerra que afete a condição econômica do povo, sua grande oportunidade virá no rastro dessa catástrofe, porque as pessoas terão aprendido que todo mundo precisa de regras sólidas para se relacionar com os outros.

[**Nota do autor**: Mais uma vez, temos muitas evidências da capacidade de Carnegie de prever o futuro olhando para o passado. Essa filosofia começou em 1908 e foi concluída e publicada pela primeira vez em 1928; exatamente vinte anos para a conclusão do trabalho. Então veio a depressão nacional, que durou muitos anos. A demanda por essa filosofia já se tornou tão definida que ela foi publicada em meu livro *Think and Grow Rich*, e agora em doze lições de "dinamite mental" em um formato que permite o seu uso imediato para todos que tenham problemas pessoais, para superar a condição perturbadora do mundo.]

ANÁLISE DO CAPÍTULO 1
Napoleon Hill

Carnegie cobriu tão completamente o assunto da visão criativa que posterior análise do assunto parece desnecessária. Porém, devo resumir brevemente os destaques de sua análise.

1. Ele enfatizou claramente a diferença entre imaginação e visão criativa, demonstrando que uma lida em grande medida com circunstâncias localizadas, enquanto a outra contempla cada fator que diz respeito a um indivíduo em seu relacionamento com outros.
2. Ele apresentou exemplos gráficos descrevendo imaginação e visão criativa em relação à sua aplicação prática nas questões da vida diária, revelando assim a técnica pela qual homens de sucesso aplicaram esses princípios.
3. Ele enfatizou a importância dos motivos básicos como fonte de toda iniciativa pessoal e também fonte de estimulação de imaginação e visão criativa.
4. Ele citou especificamente as dez principais características de homens que entendem e aplicam o princípio da visão criativa.
5. Ele chamou atenção para o fato de a visão criativa ter sido responsável por todo progresso humano, em todas as eras e países.
6. Ele chamou atenção muitas vezes para a futilidade da prática comum de tentar obter alguma coisa em troca de nada.
7. Ele fez uma análise do futuro da América com base na tendência comum de exigir alguma coisa em troca de nada, que deveria ser gravada na mente de cada cidadão desse país, e deve ser estudada por todos que esperam adquirir riquezas no futuro.
8. Ele chamou atenção para a importância de adquirir a capacidade de reconhecer e agarrar oportunidades favoráveis à autopromoção, e mencionou de maneira significativa que só aqueles que desenvolvem essa habilidade podem ter esperança de alcançar sucesso digno de nota em qualquer vocação.
9. Ele deu uma boa descrição do procedimento que se deve seguir em relação à transição da pobreza à riqueza.
10. Ele enfatizou as necessidades de fazer o esforço extra, e mencionou com propriedade o fato de nunca ter conhecido ninguém que tenha se colocado acima da mediocridade sem seguir esse hábito.

11. Ele descreveu "relacionamentos humanos" como a coisa mais importante a ser considerada por aqueles que almejam sucesso digno de nota em qualquer vocação.

12. Por último, mas não menos importante, ele recomendou que as pessoas dos Estados Unidos parem de criticar os homens com visão criativa e comecem a imitá-los.

Passo agora à minha análise da visão criativa. Ela se baseia nos requisitos do mundo em transformação em que vivemos. A análise de Carnegie sobre o assunto foi feita há mais de trinta anos. Desde então, toda a civilização passou e continua passando por mudanças chocantes que tornaram a visão criativa não só desejável, mas também absolutamente necessária.

Na minha interpretação da natureza das mudanças que acontecem hoje nos Estados Unidos, existe um perigo ameaçando cada cidadão americano, um perigo que se sobrepõe a todos os outros. É a tendência crescente a ficar inerte, sem protestar, enquanto, um a um, todos os direitos da livre empreitada são, sob outro pretexto, removidos.

Como Carnegie mencionou de maneira tão apropriada, o maior de todos os privilégios desfrutados pelo povo americano é o direito de exercer a iniciativa pessoal sem ser incomodado. Ele chamou atenção muitas vezes para o fato de a iniciativa pessoal ser a base de todas as realizações. Da riqueza da própria carreira, ele extraiu imagens e mais imagens de circunstâncias pelas quais muitos homens alcançaram o sucesso agindo por iniciativa própria.

A visão criativa terá pouca utilidade para o homem que é forçado, seja pela lei, seja por regras regulatórias arbitrárias, a limitar a quantidade de serviço que presta.

Sabe-se, desde os primórdios da civilização, que o serviço que um homem presta é causa, e o pagamento que ele recebe é efeito, e que o último é medido em próxima relação à qualidade e quantidade do primeiro.

Um fogo brando produz pouco calor, e um fogo ardente produz maior quantidade de calor, da mesma forma que um serviço de pouca qualidade e quantidade produz pouco pagamento, e um serviço de boa qualidade e em quantidade produz uma quantidade satisfatória de pagamento.

Não há como fugir dessa conclusão.

Há muito tempo um grande filósofo disse: "O maior mal de toda gente é se recusar a encarar os fatos".

Chegou o tempo em que todos nós precisamos encarar os fatos e reconhecê-los pelo que são.

Os Estados Unidos ainda são a terra da "opulência e oportunidade". Ainda temos as pedras angulares do americanismo intactas, embora sejam atacadas e minadas de muitos ângulos.

Ainda temos neste país o direito de escolher nossa ocupação, embora alguns tenham sido privados do privilégio de tirar proveito máximo desse direito.

Ainda temos o direito de votar e eleger para os cargos públicos os homens de nossa escolha, embora tenhamos abusado tanto desse privilégio com nossas falhas ao votar que também ele perdeu muitos de seus benefícios.

Ainda podemos frequentar a igreja que quisermos e idolatrar de acordo com os preceitos de nossa crença, mas, com nossa indiferença aos benefícios da Igreja, nós a lançamos em um forte e definitivo declínio de sua influência.

Ainda temos homens com visão criativa como os líderes da indústria americana (a espinha dorsal de todo o nosso sistema econômico), mas estamos demonstrando nossa ingratidão recompensando-os com adjetivos e ofensas.

Ainda temos todo o capital de giro necessário para operar as vastas indústrias da América, mas demonstramos tamanha hostilidade àqueles que arriscaram seu capital que eles se tornaram acanhados e desconfiados a ponto de se recusarem a investir seu dinheiro.

Certamente, esse tipo de indiferença não estimula o desenvolvimento da visão criativa que esse país precisa ter para seguir sendo a nação "mais rica e mais livre".

Esses são apenas alguns dos males que nos assolam. Vamos encarar os fatos e mudar de direção antes de perdermos os privilégios de que nos gabamos há tanto tempo. Como mencionou de maneira tão apropriada Carnegie, toda iniciativa pessoal se baseia em causas. Vejamos, portanto, quais causas podemos encontrar para justificar o desenvolvimento e uso da visão criativa aos leitores deste capítulo.

ÁREAS DE OPORTUNIDADE SUGERIDAS PARA A APLICAÇÃO DA VISÃO CRIATIVA

Ideias são o começo de todas as realizações. Elas são as sementes de todo progresso. Para começar, quero mencionar algumas ideias que considero dignas de análise e pensamento.

1. Há uma grande necessidade de tirinhas de jornal que eduquem, além de divertir. Até o momento, essa necessidade tem sido suprida, mas, na maioria, por assuntos que não têm valor educacional. Os quadrinhos são o grande passatempo nacional infantil. Portanto, oferecem uma oportunidade sem igual para homens e mulheres capazes de combinar entretenimento e educação, e que são capazes de desenhar à mão livre. Os que não sabem

desenhar, mas têm boas ideias, podem tirar proveito dessa oportunidade formando uma aliança de MasterMind com pessoas que desenhem.
2. Na área do rádio há uma oportunidade semelhante para a introdução de programas que eduquem e divirtam. Aqui, como na relação com as tiras de quadrinhos, boa parte da programação precisa melhorar. Certamente há "visão criativa" suficiente nos Estados Unidos para salvar o rádio (talvez a maior das descobertas recentes) da desintegração em razão da inferioridade de seus programas.
3. Há uma necessidade gritante por livros infantis que eduquem, além de entreter. A visão criativa que resgata os "quadrinhos" e o rádio bem pode ser direcionada para a produção de livros infantis que possam proporcionar conhecimento útil e diversão. Um exame recente dos livros infantis disponíveis exibiu um fato surpreendente: o campo carece de livros da natureza aqui descrita, e um proeminente editor de livros para crianças expressou com entusiasmo sua esperança de que alguém leve até ele o material para esse tipo de livro. Aqui, então, está uma oportunidade para algum homem ou mulher inteligente que entenda como servir às crianças por intermédio de desenhos e histórias.
4. Alguém que ainda não tenha encontrado via de expressão para sua visão criativa pode enriquecer inventando um método para ampliar os serviços (e as fontes de renda) dos postos de gasolina encontrados nas esquinas mais proeminentes da América. Esses postos têm espaço extra para estacionamento; portanto, são muito bem localizados para a distribuição de quase qualquer tipo de mercadoria usada pelas pessoas. O homem que encontrar um meio de usar essa oportunidade disponível não só fará um favor duradouro aos operadores desses postos de combustível, que mal ganham para se sustentar (e alguns nem isso), como também terá em mãos uma verdadeira mina de ouro.
5. Há uma demanda gritante por visão criativa em relação ao aperfeiçoamento de equipamentos de segurança para reduzir os riscos do trânsito. O elevado índice de mortes por acidentes com automóvel (mais de 36 mil por ano) criou a necessidade de um sistema de vias projetado para reduzir as chances de acidentes. Talvez essa seja uma oportunidade mais adequada a engenheiros do que para leigos, mas a pessoa que criar qualquer tipo de equipamento de segurança, seja para automóveis, seja relacionado à construção de estradas, que reduza a incidência de acidentes com automóveis vai encontrar um canal pronto para a utilização de seus talentos. Um sistema de sinalização como o que é utilizado pelas ferrovias pode oferecer uma abordagem para a solução parcial desse problema. Mas uma rodovia construída para manter

os veículos a uma distância segura uns dos outros nas ultrapassagens e em intersecções pode se aproximar mais de atender a esse objetivo.

Também há grande oportunidade para o homem que aperfeiçoa um tipo melhor de material para a construção de vias; alguma coisa que não sofra contração e expansão com a mudança das condições climáticas, com uma superfície que evite derrapagem quando molhada. Talvez esse seja um campo para quem tem conhecimentos de química. Também é possível que um novo tipo de bloco, muito maior e mais pesado que o bloco comum para construção, fabricado de uma maneira que os blocos se encaixem quando colocados, sirva ao propósito. Esses blocos podem ser produzidos com o descarte de carpintarias, marcenarias e serrarias, talvez misturando as sobras de madeira com uma composição que seja resistente à água. Quando esse tipo de tijolo for aperfeiçoado, também pode se tornar popular para a construção de casas.

6. Os milhões de metros cúbicos de espaço não utilizado no interior dos veículos que transitam pelas vias públicas diariamente poderiam ter uso prático que ajudaria a pagar o custo da operação dos automóveis. Alguém com visão criativa pode organizar esse espaço desperdiçado em um novo tipo de serviço de entregas expressa ou para pequenos volumes que se tornaria popular e lucrativo para todos os envolvidos.

7. O sistema educacional da América poderia sofrer modificações e melhorias que introduzissem mais interesse humano dinâmico e mais entretenimento na educação, desestimulando, dessa forma, a popular brincadeira conhecida como "matar aula". Esse é um grande campo para homens e mulheres com uma compreensão de pedagogia, além de conhecimento das características da mente humana que só podem ser alcançadas pelo entretenimento. A pessoa que deseja usar a visão criativa nesse campo também pode encontrar um jeito de projetar suas ideias na área do rádio, por meio de algum tipo de escola no ar, que combine educação e entretenimento. A ideia também pode ser ampliada para o campo do desenho animado, em que a educação já encontrou um canal de expressão, mas ao qual falta o tipo certo de sistema para torná-lo efetivo.

8. No ramo dos brinquedos existe, e sempre existirá, demanda por ideias novas que atraiam as crianças. Aqui também educação pode ser combinada ao entretenimento.

9. Existe também crescente necessidade, que desafia homens e mulheres com visão criativa, para modificação construtiva dos métodos ortodoxos do gerenciamento da igreja. As igrejas precisam de serviços suplementares em duas direções. Primeiro, um sistema pelo qual a religião possa ser tornada

mais interessante, evitando bancos vazios; e segundo, alguma forma de serviço pelo qual as igrejas possam ajudar a resolver problemas de vida diários com mais eficiência, bem como atender às solicitações espirituais de seus membros.

O clérigo que contribuir para a solução desses problemas tornará a religião mais usável e compreensível, sem falar que terá o privilégio de pregar para plateias maiores. A necessidade é tão grande, e a oportunidade tão óbvia, que deveria desafiar os mais capazes dos clérigos. Só um grande renascimento religioso pode salvar o mundo de suas próprias loucuras. Mas, e que isto seja lembrado por todos que queiram testar sua capacidade nesse campo, quaisquer melhorias que se mostrem efetivas terão de ser nos moldes de serviços práticos voltados para ajudar as pessoas a viver, não um serviço que enfatize de maneira exacerbada o medo da morte.

Só palavras não serão suficientes. Atitudes são necessárias. Este velho mundo está economicamente doente, e a doença afeta a todos que estão vivos. Aqui existe, então, oportunidade para as igrejas intensificarem sua influência, prestando um serviço humano mais efetivo.

O programa deve disponibilizar a todos que o usarem os serviços de um grupo de MasterMind composto por habilidosos e experientes empresários, banqueiros, advogados, médicos e outros membros influentes da comunidade que possam ajudar as pessoas na solução de seus problemas diários. Esse grupo pode ser organizado por qualquer igreja, simplesmente pela solicitação, desde que seja criado para prestar serviço genuinamente útil, não só para fazer sermão. Por mais lamentável que possa parecer, a pregação precisa de reforços. Todo clérigo inteligente sabe disso, mas nem todos sabem o que fazer a respeito disso.

10. Pequenos empresários e comerciantes precisam de orientação a fim de enfrentar a concorrência dos novos e aperfeiçoados métodos de comercialização. Esse é um campo para homens e mulheres capazes de reabilitar os atuais métodos desgastados. Alguns já se dedicam a isso, mas o número é pequeno, comparado à necessidade. Um desses especialistas trabalha em cooperação com as companhias de energia elétrica, dedicando-se inteiramente à reorganização dos sistemas de iluminação com o propósito de exibir a mercadoria da melhor maneira possível. Em uma semana ele havia feito tantas melhorias em uma loja que as vendas aumentaram mais de 25% em relação ao mês anterior. O serviço deve incluir reorganização de estoque, balcões expositores projetados recentemente, novo equipamento de vitrines e novos e melhores métodos de divulgação. As possibilidades nesse campo são ilimitadas.

11. Cada gráfica que tenha equipamento moderno tem uma oportunidade para alguém com habilidade na preparação de novas ideias e planos práticos para impressão e divulgação. Alguém com visão criativa pode entrar nesse campo e se tornar tão útil que em breve terá e comandará um conglomerado de serviços gráficos pelo qual fornecerá ideias de impressão para uma cadeia de estabelecimentos de impressão. Um homem escreveu um breve ensaio intitulado "What to Do With Boys and Girls" (O que fazer com meninos e meninas), criado para ser usado por faculdades de administração, para ser distribuído nelas para as turmas de formandos do ensino médio, e o entregou a uma gráfica em Chicago. Na última vez em que recebeu um relatório das vendas, elas haviam ultrapassado dez milhões de cópias, e para cada milhar delas a gráfica ganhou três dólares. Calcule os lucros você mesmo. Qualquer pessoa com habilidade para escrever, ou criar ideias que requeiram impressão para seu uso prático, descobrirá que esse é um moinho lucrativo que continuará produzindo ganhos.

12. O campo dos refrigerantes é uma fonte de riqueza engarrafada. A pessoa que puser sua visão criativa para trabalhar e produzir uma bebida que será tão popular quanto a Coca-Cola estará a caminho da riqueza. A Coca-Cola enriqueceu mais gente que qualquer outro refrigerante, mas isso não significa que não possa ser igualada, ou mesmo superada. Quanto mais refrigerantes o público consumir, menos bebidas intoxicantes vai querer, por isso esse é um campo que deve desafiar a pessoa que acredita que a bebida alcoólica está prejudicando a juventude desta terra.

13. A pessoa que aperfeiçoar uma garrafa descartável que seja forte o bastante para suportar a pressão das bebidas gaseificadas estará a caminho da riqueza. A garrafa deve ser feita de algum material como o celofane, de forma que o conteúdo seja visível. Essa pode ser uma ideia que requeira a aliança de MasterMind com um químico para ser aperfeiçoada, mas tem possibilidades, que são ilimitadas, para o acúmulo de riquezas. A garrafa deve ser suficientemente barata, para permitir seu descarte depois que o líquido for consumido.

14. Uma mulher inteligente e com visão criativa vai se tornar famosa e rica inventando algum sistema de costura para crianças que ensine a arte da costura e também sirva como entretenimento. Os moldes podem ser vendidos em lojas baratas, junto com um curso de costura. O sistema deve ser organizado de forma a despertar o interesse das meninas por fazer roupas para uso próprio. O desejo de ter roupas bonitas, inerente a todas as garotas, servirá para divulgar a ideia.

15. O mercado de captação de possíveis compradores de seguro de vida, automóveis, imóveis e outros bens por telefone pode gerar emprego rentável para mulheres com voz agradável e visão criativa. É possível fazer contratos com diversos comerciantes para conseguir nomes de possíveis compradores, e o trabalho pode ser feito de casa.

E assim por diante, infinitamente.

Algumas pessoas que se encontraram por meio da visão criativa

O registro daqueles que se encontraram por meio da influência inspiradora dessa filosofia é extenso e fenomenal. Essas pessoas podem ser encontradas em todas as áreas. Se todos os nomes fossem conhecidos e publicados, não sobraria espaço neste capítulo para mais nada. Mas vou mencionar alguns casos exemplares. A semente da visão criativa está adormecida nas mentes de quem menos se espera, e só precisa de um motivo apropriado para despertar. Ela existe em milhões de cérebros cujos donos vivem e lutam em penúria e necessidade, e que voltarão ao pó de onde vieram sem terem descoberto a riqueza que possuíam.

Pouco depois de uma interpretação de um volume dessa filosofia ter sido publicada em 1937, sob o título *Think and Grow Rich*, uma cópia dela caiu nas mãos de um vendedor da Firestone Tire & Rubber Company. Quando ele lia o livro, alguma coisa nele, ou alguma coisa atrás das linhas, tocou a centelha de visão criativa dentro de sua mente e o impeliu a começar um novo caminho para a realização.

Entenda, o livro não ensinou a ele nada que ele já não soubesse. Apenas despertou algo que ele já tinha, mas não sabia que tinha. Porém, isso foi suficiente. Sem pedir para marcar hora, ele telegrafou ao autor do livro informando que iria ao seu encontro para uma conversa. Nós nos encontramos na cidade de Nova York e conversamos por duas horas. Quando o vendedor pegou o trem de volta para Indiana, onde morava, levava com ele uma atitude diferente daquela com que havia chegado a Nova York.

Quando ele voltou para casa, a cidade parecia diferente de quando havia partido. Os amigos pareciam diferentes. A esposa parecia diferente. E eram diferentes, porque ele mesmo havia mudado. Havia se apoderado de uma capacidade gigantesca que em breve mudaria sua posição econômica.

A primeira coisa que ele fez foi seguir as instruções dadas por essa filosofia, e com base nelas escrever seu objetivo principal definido. Depois ele seguiu em frente e criou um plano para alcançá-lo. Seguiu as instruções da filosofia ao pé da letra. Seu objetivo era autopromoção, para conseguir um emprego melhor e que pagasse mais. Um herdeiro estava a caminho, e ele precisava de mais dinheiro. Portanto, teve um motivo definido para a escolha de um novo objetivo principal.

Depois de concluir seu plano, ele pegou o trem para Akron, Ohio, para apresentá-lo a seu empregador. Não levava com ele nenhum sentimento de medo ou dúvida. Sabia, antes de começar, que seu plano era eficiente e funcionaria. Essa é uma característica daqueles que despertam a visão criativa que existe adormecida dentro deles. Quando ele voltou de Akron, a esposa foi encontrá-lo na estação de trem. Ela viu seu rosto pela janela antes de o trem parar completamente, e soube que o marido trazia boas notícias.

No bolso dele havia um novo contrato com seu empregador. Ele garantia uma posição de gerente em uma filial da companhia. Entenda: quando um homem se apodera da visão criativa dentro dele, se torna um centro de atração, um ser humano magnetizado que atrai para si o que quer.

E se você perguntar a esse homem, ele vai lhe dizer que foi tão fácil vender-se como gerente quanto era fácil vender pneus para os revendedores. Tudo era uma questão do que ele mesmo desejava.

> *O progresso mais substancial se baseia na visão de longo alcance.*

Quando este capítulo estava sendo escrito, recebi uma carta de um vendedor de apólices de seguro explicando como ele havia descoberto e usado sua visão criativa. A carta era breve. Aparentemente, não havia nela nenhuma indicação de que algum milagre havia acontecido; mas, para mim, a carta contava uma história semelhante à daquelas que chegavam de todas as partes dos Estados Unidos e de outros países.

Eu sabia que um "milagre" havia acontecido. Isto é, aquilo que ocorrera nos recantos secretos da mente do vendedor era a coisa mais próxima de um milagre de que eu tinha conhecimento, porque havia acontecido ali alguma coisa que revelou a ele que o único tipo de genialidade que um homem tem é o poder da visão criativa.

Revendo rapidamente a aparência de seu caso, vejo que foi isso o que aconteceu. Ele se apoderou de uma cópia do livro já mencionado. Em algum lugar, quando lia aquelas páginas, descobriu a "lâmpada de Aladim" que despertou o gênio adormecido em seu cérebro. Respondendo à sua influência mágica, ele deixou o livro de lado, olhou para longe e começou a fazer perguntas a si mesmo.

"Por que", começou, "tenho perdido meu tempo vendendo pequenas apólices de seguro, quando poderia ter feito planos para poder vender grandes apólices?"

"Por que", ele continuou, "tenho ignorado essa coisa que agora sinto me impelir para coisas maiores e melhores?"

"Por que não olhei mais para o alto e mirei as estrelas, em vez de atirar para a poeira sob meus pés?"

E a resposta surgiu. Chegou aos termos definidos, e ele soube que não era o mesmo homem que quando tinha começado a ler aquele livro. Não, ele era um novo homem. Tinha uma diferente atitude em relação ao mundo. Tinha uma atitude diferente com ele mesmo e com o trabalho que havia escolhido como carreira.

Ele não parou apenas na meditação. Reconheceu que uma fé passiva não é fé, e começou ali mesmo a tomar posse daquele estranho poder que tão recentemente se havia revelado para ele, e a expressá-lo na forma de ação associada à sua ocupação.

Com a lista de telefones da cidade, ele começou a deslizar o dedo pelas colunas de nomes. Finalmente encontrou um que o fez parar. Lá estava o nome que ele procurava. O nome de um homem que era financeiramente capaz de comprar uma grande apólice de vida.

"Ora", ele resmungou para si mesmo, "por que não fui procurar esse homem antes? Por que tenho usado meu tempo para telefonar para homens que só poderiam comprar pequenas apólices de seguro de vida, quando poderia ter usado o mesmo tempo para procurar aqueles que podem comprar grandes apólices?"

Ele fechou o catálogo e se levantou, pôs o chapéu e o casaco e, sem perder tempo com outros preparativos, seguiu diretamente para o escritório de seu recém-escolhido "prospectado", e agradeceu a ele pela cortesia.

Quando voltou ao escritório, ele levava uma proposta da maior apólice de vida que já havia vendido em Des Moines, ou naquela parte do país. A proposta era de uma apólice de dois milhões de dólares.

Isso é mais que muitos corretores vendem em dez anos seguidos de muito esforço.

No entanto, ele não havia se esforçado muito. Na verdade, era como se nem tivesse trabalhado, tal a facilidade com que fizera a venda. E essa é outra estranha característica da visão criativa. Os que a usam fazem seu trabalho com um mínimo de esforço.

De volta ao escritório, ele se sentou e teve uma longa conversa com ele mesmo. Voltou mentalmente ao dia em que tinha começado a vender apólices de seguro de vida e refez passo a passo cada centímetro da jornada. Uma a uma, invocou a lembrança das pessoas com quem havia conversado e que tinham se recusado a comprar dele, e se perguntou onde havia falhado.

Depois de ter revisto em pensamento todas as entrevistas anteriores, ele fez outra descoberta tão importante que deveria ser conhecida por todos os homens envolvidos no ramo de venda de seguros de vida.

Ele descobriu que o seguro de vida é vendido para o próprio corretor; é vendido antes mesmo de ele abordar o possível comprador; vendido por sua disposição mental, por sua fé, por sua convicção de que todo mundo deve dar a si mesmo esse tipo de segurança econômica; vendido pelo poder de sua visão criativa.

E a parte bonita dessa descoberta é o fato de ela dar a esse homem um bem que permanecerá com ele até não ser mais necessário. Nenhuma depressão econômica pode tirar isso dele. O mapa do mundo pode ser alterado, e o povo dos Estados Unidos pode perecer por meio do próprio fracasso em procurar dentro da mente um poder que poderá salvá-lo; mas esse homem nunca mais se tornará escravo de nada e ninguém, porque descobriu a essência dentro dele, aquele outro eu, que não pode ser escravizado.

Esse outro eu é conhecido como visão criativa.

Os repórteres de jornais ouviram falar sobre esse "milagre" e cercaram o escritório do homem atrás de uma matéria. Quando escreveram a história, eles deixaram de mencionar o título do livro que o havia levado ao ponto de transformação mais importante de sua vida, referindo-se a ele apenas como "livro do milagre".

Quando a história foi publicada, o vendedor começou a receber telefonemas. Esposas de outros homens em Des Moines tinham lido a matéria, e queriam saber onde poderiam encontrar o livro para seus maridos. As livrarias foram inundadas de pedidos. Encomendas por telégrafo começaram a chegar à editora do livro, e foi assim que soubemos o que havia acontecido.

A mesma coisa está acontecendo por todos os Estados Unidos. O livro do "milagre", *Think and Grow Rich*, está ajudando a acabar com as prisões que os próprios homens criaram e nas quais se confinaram por não reconhecerem a semente da visão criativa dentro deles mesmos.

Cerca de dois anos depois da publicação do livro que abriu para esses dois homens uma nova estrada para a realização, dei de presente uma cópia autografada a um de meus amigos em Atlanta, Geórgia.

Seis meses passaram, e não havia nenhuma notícia sobre o presente. Então, um dia recebi uma carta acompanhada por um recorte de jornal, um artigo contando outro "milagre" inspirado pelo livro.

E aqui vão os detalhes: em algum trecho nas páginas do livro, meu amigo descobriu que também ele era abençoado pelo poder da lâmpada de Aladim na forma de visão criativa.

Como as outras duas pessoas mencionadas acima, ele não só reconheceu o poder desse livro, como também passou imediatamente a usá-lo. Quando fez a descoberta, ele trabalhava em uma cafeteria ganhando US$ 4,45 por semana.

Uma noite, depois de terminar seu trabalho, ele pôs o chapéu e o casaco e, andando pela rua, pôs sua visão criativa para trabalhar a todo vapor. Contou às pessoas que passavam por aquela esquina e decidiu que a localização era boa para um restaurante. Mais importante que isso, ele escolheu, e sim, a decisão foi dele, tomada por iniciativa própria, trocar de papel e se tornar o dono, em vez de ser empregado do restaurante que funcionaria ali.

Mas ele não se deteve no pensamento. No dia seguinte, começou a pôr suas ideias em prática. No fim da semana, havia alugado um espaço adequado para o novo negócio. Em três meses, terminou de decorar e equipar o local com o que havia de mais moderno no ramo dos restaurantes, e abriu o estabelecimento.

Ele fez tudo isso sem um centavo do próprio bolso. Conseguiu o financiamento vendendo o necessário dessa visão criativa que estava adormecida dentro dele para um homem que tinha o dinheiro e forneceu o necessário capital de giro em troca de metade da empresa. Ele pagou sua metade com a experiência adquirida no trabalho anterior, mais, e isso é importante, o uso da recém-descoberta visão criativa, que era muito necessária para a operação do negócio.

Em um ano, o restaurante saiu do vermelho e começou a dar lucro em um ritmo de mil dólares ao mês. Portanto, a visão criativa começou a pagar dividendos no primeiro ano de uso. O que vai pagar no futuro ainda será determinado. O gerente atento já recebeu muitas ofertas de pessoas interessadas em convencê-lo a abrir filiais de seu restaurante em outros lugares. A oportunidade o encontrou e segue seus passos com fidelidade canina, implorando para servi-lo. E esta é outra característica do homem que usa sua visão criativa: ele se descobre um ímã humano e atrai oportunidades favoráveis como um ímã elétrico atrai aparas de aço.

Hoje ainda existem mundos a serem conquistados. Nem todas as portas estão fechadas para a visão criativa. O mundo espera ansioso pelo homem que origina, cria e executa os produtos da visão.

No campo da química industrial, o escopo é ilimitado para a visão criativa. A agricultura suplica por homens de visão criativa, que ajudarão o agricultor a avaliar os sérios danos que produtos científicos sintéticos vêm causando aos produtos agrícolas.

Na indústria têxtil, aviação, educação, indústria de alimentos, plásticos e madeira, cimento e materiais de construção, automóveis, produtos de alcatrão, raiom, rádio, telefones e muitos outros campos, a porta está escancarada para a visão criativa.

Algum dia alguém com visão criativa vai produzir um avião que possa aterrissar sem risco, ou um automóvel que use pouca ou nenhuma gasolina, ou uma casa que não pegue fogo, ou uma cura para o resfriado comum.

Esse indivíduo será rapidamente recompensado e pode virar o mundo de cabeça para baixo.

A promessa da América inclui grandes recompensas para aqueles que deem o exemplo de trabalho duro, iniciativa e visão criativa.

E você que está lendo este capítulo? E você e sua visão criativa? O que está fazendo para despertá-la e colocá-la para trabalhar em seu benefício?

Quando, onde e como vai procurar esse poder dentro de sua mente para converter ideias, objetivos e planos nas riquezas da vida? O objetivo deste capítulo é ajudar a encontrar a resposta para essas perguntas. O propósito do autor é ajudá-lo a transformar sua parte do grande estilo de vida americano na forma de riqueza que deseja, mas o primeiro passo tem que ser seu. Se você der esse passo, e ele indica que você está nisso de corpo e alma, ofereço sugestões que podem ajudar com o segundo passo.

No fim de 1909, eu estava sentado no meu automóvel em Fort Myer, Virgínia, vendo os irmãos Wright tentarem em vão tirar seu avião do chão.

Havia um velho sentado no estribo do automóvel, assistindo à tentativa de fazer aquela máquina decolar. Ele olhou para mim com uma expressão de dúvida e disse: "Ah, eles não vão tirar aquela lata do chão. Se Deus quisesse que o homem voasse, teria dado asas a ele". Sabemos agora que o velho cavalheiro estava enganado. Deus não havia dado asas a Wilbur e Orville Wright, não como apêndices físicos, mas deu a eles visão criativa, com a qual eles criaram asas e voaram, como Ele deu a visão a milhões de pessoas que nascem, vivem sua vida e morrem sem realizar de fato esse dom precioso.

No começo do século 20, um jovem mecânico e sua esposa estavam ocupados com uma "engenhoca" que os preocupava. Era uma peça rústica de cano na qual eles haviam introduzido um pistão que se movia para dentro e para fora por meio de um virabrequim. Sobre a pia da cozinha, a mulher despejava gasolina nesse pedaço de cano gota a gota, enquanto o marido fazia o pistão subir e descer com uma das mãos e, com a outra, apertava um botão que produzia uma faísca elétrica dentro do ar comprimido no cano. Eles trabalharam por horas seguidas sem resultados. Então, finalmente, o gás explodiu e a engenhoca deu um tranco que expulsou o pistão. Foi só um tranco, acredite, mas nessa explosão única de uma máquina rústica estava o destino de uma indústria que hoje emprega, direta e indiretamente, mais de seis milhões de pessoas. No momento, essa imensa indústria se dedica a produzir alguns materiais que serão necessários para defender a nação contra o poder insidioso que ameaça destruir a visão criativa que deu origem à indústria.

O que falar desse "gênio" que fundou a indústria automobilística na América? Que habilidade ele tem e falta a outros indivíduos? É possível resumir tudo isso a uma só coisa conhecida como visão criativa. Mas Henry Ford não tem mais desse poder do que a medida que existe dele em milhões de outras mentes. A diferença é que ele descobriu seu poder e o colocou para trabalhar, enquanto outros não fizeram a mesma coisa.

Henry Ford não parou quando descobriu que podia fazer girar as rodas de um veículo com a força de um rústico motor a gasolina. Ele continuou usando sua visão criativa, acrescentando um refinamento depois do outro a esse automóvel original, até que hoje o produto moderno de sua mente é tão perfeito quanto uma máquina pode ser.

Em todo vilarejo, município e cidade dos Estados Unidos existe um Henry Ford em potencial andando pelas ruas, talvez desempregado. Talvez ele esteja reclamando da falta de oportunidade para progredir. Existem milhões dessas pessoas que não reconhecem que carregam por aí a semente da realização, que, se for germinada e alimentada pela atitude, pode produzir riquezas tão grandes quanto aquelas que Henry Ford acumulou.

Como esses espíritos adormecidos são despertados? Que força estimulante pode ser projetada na mente dessas pessoas para fazê-las olhar para dentro e encontrar a semente da visão criativa, que é o começo e o fim de todas as realizações individuais?

Este país precisa agora de visão criativa como nunca precisou antes. A oportunidade para a expressão da iniciativa pessoal nunca foi tão grande quanto agora. O país tem muita força bruta e muscular, mas sofre de carência de força do cérebro. E a tragédia dessa carência está no fato de ser a força do cérebro que cria empregos para pessoas que só têm a força dos músculos para vender.

Não há motivo válido para nenhum jovem em idade de cursar o ensino médio ou mais velho ficar ocioso nos Estados Unidos hoje em dia; porém, milhões de jovens dessa faixa etária não fazem nenhum movimento para construir um futuro melhor para eles mesmos, embora saibam, ou devessem saber, que a liderança de hoje será deles amanhã.

Pouco tempo atrás, anunciei que precisava de um secretário. Recebi o relatório de faculdades de administração e colégios informando que havia falta de alunos do sexo masculino para esse tipo de trabalho. Pesquisei um pouco e descobri que essa carência existe em nível nacional. Estenógrafos estão se tornando coisa do passado, embora, como sabe qualquer empresário bem-sucedido, não exista em todo o ramo um cargo que proporcione a um rapaz outra oportunidade de autopromoção como a posição de secretário. Como o secretário se torna um suplente para os homens que comandam a indústria, ele tem a chance de estudar na maior de todas as escolas, a "Universidade da Experiência Prática", e receber um bom pagamento pelo privilégio.

Quando você ouve alguém perguntar "E essa geração de jovens? O que vai acontecer com eles quando forem procurar emprego?", tenho vontade de gritar de cima do telhado que a resposta para essas perguntas está na mente dos próprios jovens. Aqueles que descobrem sua visão criativa adormecida e a colocam para trabalhar criarão empregos para si mesmos, como fizeram outros antes deles. O restante vai seguir em frente pela estrada de terra para o fracasso, no meio de uma abundância de oportunidades, como sempre fez sua categoria.

Duas coisas são essenciais para o desenvolvimento e uso da visão criativa: uma é a disponibilidade para trabalhar, e a outra é um motivo definido suficiente para inspirar o indivíduo a fazer o esforço extra com a correta atitude mental. Você pode procurar, mas não vai encontrar nada que substitua essas coisas. Trabalho e causa não são, por si sós, garantia suficiente de sucesso duradouro.

Que história interessante encontramos quando estudamos as realizações de um homem como Henry Ford? Ele trabalha; ele tem um motivo definido por trás de seu trabalho; ele faz o esforço extra, talvez acrescentando mais um pouco de esforço por precaução; mas, felizmente para ele, e para o mundo todo, ele progride, não regride. Em vez de usar sua visão para violentar o mundo como fizeram alguns conquistadores militares egoístas, Ford a utiliza para colocar rodas sob a era de progresso em que vive. Qualquer um que domine essa filosofia e aprenda a aplicá-la terá muito mais poder que qualquer ser humano é capaz de administrar com segurança, a menos que, ao usar esse poder, ele direcione suas velas para o serviço construtivo, como fez Henry Ford.

> *A visão criativa de uma geração se desenvolve em leis e instituições de gerações seguintes.*

Perto do fim deste capítulo, ofereço uma sugestão que é rica em possibilidades para todos que reconhecem seu valor e a aceitam. A sugestão não requer muito tempo ou esforço para ser posta em prática. Sugiro que você deixe o capítulo de lado depois que terminar de lê-lo e faça um inventário pessoal de si mesmo. Vá para um lugar tranquilo onde possa passar uma hora sem ser interrompido, e converse com você mesmo, talvez como nunca conversou antes.

Em primeiro lugar, descubra o que mais gostaria de fazer. Depois faça planos para começar essa atividade e comece, exatamente onde estiver, a pôr seus planos em prática.

Em segundo lugar, reconheça agora e para sempre que o que receber da vida vai depender do que dá a ela, por intermédio de alguma forma de serviço útil. Talvez você possa ter algum plano ou uma ideia útil com a qual não fez nada. Ponha essa ideia para fora e escreva uma descrição dela.

Na história de Wallace sobre Ben-Hur há a descrição de uma cena que serve como um encerramento apropriado para este capítulo. Ela se desenrola na antiga cidade de Antioquia, quando o Império Romano estava no auge de seu esplendor.

Os ricos e ociosos estavam reunidos para assistir à corrida de carruagens. Um homem rico queria se cobrir de glória com a vitória de seus cavalos, por isso reuniu seus escravos e escolheu um deles para se tornar o condutor, prometendo que, se ganhasse a corrida, ele ganharia também a liberdade.

As corridas começaram. Os condutores davam voltas e mais voltas na arena chicoteando os cavalos para que usassem até o último fragmento de força, mas um deles assumiu a liderança desde o início e não a perdeu em nenhum momento. Em uma das mãos ele segurava as rédeas, na outra, o chicote com que arrancava dos animais toda a força que tinham.

Seus braços fortes eram como cabos de ferro. Alguém gritou da arquibancada: "Aqueles braços! Aqueles braços! Onde os conseguiu?". E ele gritou de volta: "Nos remos da galé", porque esse era o escravo a quem tinha sido prometida a liberdade em caso de vitória.

Ele tinha uma causa, e o maior de todos os motivos, aliás, para a loucura com que conduzia os cavalos de seu senhor rumo à vitória. Esse motivo era seu desejo de liberdade.

O Império Romano desmoronou e caiu. A esplêndida cidade de Antioquia foi praticamente esquecida, mas homens ainda lutam por sua liberdade. Agora não contam com músculos fortes, como nos tempos antigos. A civilização nos elevou a uma compreensão de maior poder. É o poder da visão criativa, e sua origem é o cérebro, não a força bruta.

Com esse pensamento, deixo o capítulo com você. Espero sinceramente que, antes de deixá-lo de lado, você faça um inventário de sua mente e encontre lá tanto a semente da visão criativa quanto um motivo apropriado para influenciar seu desenvolvimento pelo uso.

Onde não há visão, as pessoas perecem.

Perder dinheiro é desagradável. Perder a confiança em si mesmo é fatal para a realização.

A sabedoria e a genialidade da humanidade juntas não podem conceber um argumento contra a liberdade de pensamento.

Pense antes de agir, não depois.

INTRODUÇÃO AO CAPÍTULO 2
Pensamento organizado

A análise de Andrew Carnegie sobre o pensamento organizado foi apresentada no fim deste capítulo por ser essencial para que se tenha uma perspectiva completa de todos os fatores. A primeira parte deste capítulo estabelece o que aprendi sobre pensamento organizado com Carnegie e outros homens que entrevistei.

A análise da primeira metade deste capítulo inclui três gráficos nos quais foi apresentado cada fator relacionado ao pensamento organizado. Essa é a primeira vez que se tentou apresentar um gráfico completo mostrando, em perspectiva clara, todos os departamentos da mente, todas as fontes de estímulo para o pensamento, bem como o relacionamento próximo e a importância de todos os departamentos da mente.

O gráfico número 1 é a chave para todo o capítulo, e deve ser estudado cuidadosamente antes de o leitor se dedicar ao restante do capítulo. Na verdade, seria útil se o gráfico fosse ampliado em uma folha de papel de um metro quadrado, pelo menos, e colocado onde possa ser visto diariamente pelo leitor. A legenda descritiva do gráfico, que aparece na página oposta a ele, também deve ser copiada e ampliada.

Não se deixe confundir pela aparente complexidade desse gráfico, porque você reconhecerá, quando terminar esta lição, que todos os departamentos da mente foram tão sabiamente coordenados que operam em harmonia, e com menos detalhamento do que é necessário para discar um número em um telefone moderno.

O gráfico número 2 estabelece os passos necessários para se alcançar um objetivo definido. Estude-o cuidadosamente, porque ele é essencial para se alcançar o sucesso.

O gráfico número 3 explica como os pensamentos são formados. Todos os fatores descritos nesse gráfico trabalham com tanta perfeição que funcionam automaticamente no desempenho de uma parte de seus respectivos deveres, e todo o sistema pode ser posto em operação simplesmente pelo uso da força de vontade.

Quero chamar sua atenção especialmente para dois fatores importantes mostrados nesse gráfico: a faculdade da vontade e a faculdade das emoções. Esses são os dois departamentos da mente que você precisa controlar se quiser se tornar um pensador organizado. Em cada cérebro tem um conflito interno entre as emoções e a força de vontade, e, para a maioria das pessoas, as emoções levam a melhor no conflito. Não é só força de expressão quando dizemos que "o mundo é controlado pelas emoções dos homens".

A tarefa deste capítulo é capacitar o leitor a reverter essa regra para poder dizer com sinceridade que suas emoções estão sob o controle da sua força de vontade.

Este capítulo apresenta, a partir de muitos ângulos, os meios pelos quais se pode transformar a faculdade da vontade no verdadeiro "chefe" dos outros departamentos da mente. Carnegie abordou esse ângulo da lição do ponto de vista de um líder empresarial prático, mas ficará claro, em sua análise, que ele coloca a faculdade da vontade no topo da lista de fatores importantes que determinam o sucesso ou o fracasso na vida.

Neste capítulo você terá uma compreensão melhor daquele mistério dos mistérios conhecido como força do pensamento.

Não é exagero dizer que, se você dominar este capítulo, terá uma filosofia suficiente para a solução de praticamente todos os problemas na vida. O pensamento preciso é a base de todas as realizações humanas. Apresentei neste capítulo uma descrição clara de cada fator principal que faz parte do pensamento preciso. Não desanime, portanto, se não dominar o capítulo na primeira leitura.

E agora algumas palavras sobre como ler este capítulo.

Quando estiver lendo, tenha consciência de que o principal propósito do capítulo é inspirar o pensamento. Leia com um lápis à mão e marque cada linha que quiser enfatizar. Leia devagar e garanta a compreensão de cada afirmação antes de dá-la por encerrada. E, acima de tudo, pense enquanto ler. Depois que concluir o capítulo, deixe-o de lado por alguns dias, depois retome-o e leia de novo, e observe como ele será mais claro na segunda leitura.

Finalmente, lembre-se de que uma parte importante deste capítulo não foi apresentada nestas páginas. É a parte que existe em sua mente, consiste em sua experiência, sua habilidade, educação e seus hábitos de pensamento. Acrescente tudo isso ao que é oferecido neste capítulo e terá enriquecido sua mente em proporções incomensuráveis.

Ao abordar o capítulo, tenha em mente que seu único propósito é apresentar a você os poderes funcionais de sua mente descrevendo como essas funções podem ser controladas e dirigidas para fins definidos. Espera-se que, por meio deste capítulo, você se torne capaz de tomar posse da própria mente e usá-la de forma efetiva para administrar todas as circunstâncias de sua mente em proveito próprio.

Eu ficaria surpreso se soubesse que alguém leu este capítulo sem sentir uma elevação definitiva na autoconfiança, na força de vontade e no entusiasmo com as oportunidades da vida. Todos a quem essa lição foi ensinada notaram uma mudança completa em sua "atitude mental" geral, uma mudança que praticamente elimina medo, dúvida, indecisão e inatividade. Este capítulo deve ter o efeito de fazer o eleitor nascer de novo e, por intermédio desse renascimento, se descobrir, encontrar o eu que não sabia ter.

Sim, todo mundo tem "outro eu". Abrigada em cada pessoa existe uma dupla personalidade, um fato que psicólogos e psiquiatras podem confirmar. Uma personalidade é negativa. Ela se alimenta de autolimitação, medo, dúvida e preocupação. A outra é positiva. Alimenta-se de fé, coragem, crença definitiva no eu, iniciativa, entusiasmo e vontade de vencer.

Então, junte-se a mim, e vamos combinar nossos esforços para matar essa personalidade negativa que tem se mantido entre você e as melhores coisas da vida. Isso é algo que podemos alcançar alimentando e incentivando o "outro eu" positivo.

CAPÍTULO 2
Pensamento organizado

"Pensamentos são coisas", disse um grande filósofo, e é significativo que o pensamento seja uma das poucas coisas que um indivíduo pode controlar completamente.

O pensamento "magnetiza" todo o corpo físico do indivíduo e atrai para ele coisas externas, físicas, que se harmonizam com ele. O principal propósito deste capítulo é mostrar como o poder do pensamento pode ser organizado e dirigido para fins definidos.

Este capítulo é ilustrado por três gráficos que delineiam da maneira mais simples possível o mecanismo da mente e as origens de estímulos de pensamento que iniciam a ação na mente.

Gráfico número 1: apresenta a rota que deve ser seguida ao organizar o pensamento e expressá-lo para a realização de um fim definido. Observe que o ponto de partida é desejo, baseado em um ou mais dos nove motivos básicos que inspiram uma ação. O estímulo necessário para manter o desejo ativo é fornecido por alguma combinação dos princípios conhecidos da realização individual.

Gráfico número 2: aqui são mostrados os três passos que devem ser dados para a conquista do objetivo principal definido do indivíduo, junto com os princípios que devem ser combinados e aplicados no uso efetivo do pensamento organizado.

Gráfico número 3: aqui são apresentados os dez fatores que constituem o "mecanismo" de pensamento, mostrando as fontes de estímulos de pensamento. Observe que a mente subconsciente é conectada a todos os departamentos da mente, e sua fonte de poder é a Inteligência Infinita. Observe também que a memória, os cinco sentidos e as emoções requerem autodisciplina constante; não são confiáveis sem a mais severa disciplina, e precisam de atenção altamente organizada para serem controladas. Esse controle é obtido pelo exercício da força de vontade, por meio da adoção de hábitos voluntários.

Gráfico 1

DESEJO
O ponto de partida de toda realização baseada em uma combinação com

OBTIDO POR ALGUMA COMBINAÇÃO DOS 17 PRINCÍPIOS DE REALIZAÇÃO

1. Definição de propósito
2. Aliança de MasterMind
3. Personalidade atrativa
4. Fé aplicada
5. Fazer o esforço extra
6. Esforço organizado
7. Regra de Ouro
8. Sentimento inspirado
9. Autodisciplina
10. Pensamento organizado
11. Atenção controlada
12. Trabalho em equipe
13. Liberdade de pensamento
14. Aprender com a derrota
15. Visão criativa
16. Manutenção da saúde
17. Orçamento de tempo e dinheiro

OS NOVE MOTIVOS BÁSICOS

1. Emoção do AMOR
2. Emoção do SEXO
3. Desejo por SAÚDE
4. Desejo de AUTOPRESERVAÇÃO
5. Desejo de LIBERDADE DE CORPO E MENTE
6. Desejo de EXPRESSÃO PESSOAL E FAMA
7. Desejo de PERPETUAÇÃO DA VIDA
8. Desejo de VINGANÇA
9. Emoção de MEDO: baseada nos sete medos básicos: medo da pobreza, medo da crítica, medo da doença, medo de perda do amor, medo da velhice, medo de perda da liberdade, medo da morte.

OBJETIVO PRINCIPAL DEFINIDO

Gráfico 2

Este gráfico mostra a ordem em que o pensamento organizado deveria ser aplicado para a realização de qualquer objetivo desejado

---

OBJETIVO PRINCIPAL DEFINIDO
(primeiro passo)

Pode ser alcançado pelos fatores relacionados abaixo, na ordem aqui mostrada. Proceder de acordo com este gráfico é, por si só, uma forma efetiva de pensamento organizado.

Não esqueça que seu objetivo deve ser baseado em um motivo definido ou alguma combinação dos nove motivos básicos.

▼

PLANO DE REALIZAÇÃO (segundo passo)

O sucesso não pode ser maior que a eficiência do plano; portanto, peça ajuda ao construtor de planos.

▼

ALIANÇA DE MASTERMIND (terceiro passo)

Escolha seus aliados de MasterMind de forma a garantir experiência e conhecimento necessários à realização de seu plano.

▼

OS SEGUINTES PRINCÍPIOS SÃO NECESSÁRIOS PARA PROCEDER SOB O PRINCÍPIO DO PENSAMENTO ORGANIZADO

1. Pensamento organizado
2. Fé
3. Esforço organizado
4. Visão criativa
5. Autodisciplina
6. Fazer o esforço extra
7. Personalidade atrativa

Estude com cuidado os três passos importantes que devem ser executados com base em (1) definição de objetivo, (2) um plano bem-feito e (3) uma aliança de MasterMind com auxiliares experientes.

Gráfico 3

Gráfico dos dez fatores que constituem o "mecanismo" do pensamento. Observe que a seção subconsciente da mente tem acesso a todos os departamentos da mente, mas não é controlada por nenhum.

INTELIGÊNCIA INFINITA
A fonte de todo poder de pensamento, todos os fatos, todo conhecimento, disponível apenas pela seção subconsciente da mente.

SEÇÃO SUBCONSCIENTE DA MENTE
O elo entre a mente do homem e a Inteligência Infinita.

Abaixo são mostrados todos os departamentos da mente, com as três fontes de estímulos de pensamento no fim do gráfico.

FACULDADE DA FORÇA DE VONTADE
"Chefe da mente"

FACULDADE DA RAZÃO
Comanda todas as opiniões e julgamentos

FACULDADE DAS EMOÇÕES
Local de muitas ações da mente

FACULDADE DA IMAGINAÇÃO
Construtora de todos os planos

FACULDADE DA CONSCIÊNCIA
Guia moral da mente

As três fontes de pensamento que requerem a maior dose de autodisciplina são exibidas abaixo.

INTUIÇÃO
O "sexto sentido", ou conhecimento intuitivo.

OS CINCO SENTIDOS
1. Visão
2. Audição
3. Paladar
4. Olfato
5. Tato

Só se tornam confiáveis por meio de severa autodisciplina

MEMÓRIA
Depósito de todo o pensamento e todas as impressões dos sentidos. Arquivo do cérebro.

Legenda para gráfico número 3

1. **Inteligência Infinita**
Fonte de todo o poder de pensamento, disponível apenas pela mente subconsciente. Perceba que o gráfico mostra todos os departamentos da mente totalmente cercados pela Inteligência Infinita.

2. **Mente subconsciente**
O elo entre a mente consciente e a Inteligência Infinita. Não se submete à autodisciplina, mas pode ser estimulada pelos meios descritos neste capítulo.

3. **Faculdade da força de vontade**
"Chefe" de todos os departamentos da mente, com o poder de modificar, mudar ou equilibrar as ações de todas as funções mentais.

4. **Faculdade da razão**
"Juiz-presidente" que pode, se for permitido, julgar todas as ideias, planos e desejos; mas suas decisões podem ser ignoradas pela força de vontade, ou contrabalançadas pela influência das emoções quando a vontade não se impõe.

5. **Faculdade das emoções**
Local de muitas ações da mente, fonte de muitos pensamentos liberados por ela; pode ser muito perigosa se não for modificada pela faculdade da razão, sob a direção da força de vontade.

6. **Faculdade da imaginação**
Construtora de todos os planos, ideias, meios e maneiras de alcançar fins desejados. Precisa de autodisciplina e constante direção da força de vontade, para evitar exagero.

7. **Faculdade da consciência**
Guia moral da mente cuja principal função é modificar os objetivos e propósitos do indivíduo para que se harmonizem com leis morais.

8. **Intuição**
O "sexto sentido", pelo qual se tomam decisões baseadas em informações subconscientes.

9. **Os cinco sentidos**
Os "braços" físicos do cérebro, pelos quais ele entra em contato com o mundo exterior e adquire informação. Os sentidos não são confiáveis e precisam de disciplina constante. Sob qualquer forma de atividade altamente emocional, os sentidos se tornam confusos e bem pouco confiáveis, como no caso do medo.

10. Memória

O "arquivo" do cérebro, onde são guardados todos os impulsos de pensamento, todas as experiências e todas as sensações que chegam ao cérebro pelos cinco sentidos físicos. Também não é confiável e precisa de autodisciplina para ser aperfeiçoada.

Alguns fatos conhecidos relativos à natureza do pensamento

1. Todo pensamento (seja positivo, seja negativo, bom ou mau, preciso ou impreciso) tende a vestir-se de seu equivalente físico e funciona inspirando o indivíduo com ideias, planos e meios para atingir fins desejados, por meio natural e perfeitamente lógico. Depois que pensar sobre determinado assunto se torna um hábito, esse pensamento é tomado pela mente subconsciente e serve automaticamente de base para ação pelo meio mais disponível. Tudo é ferramenta de pensamento.

    Pode não ser literalmente verdadeiro que "pensamentos são coisas", mas é verdade que pensamentos criam coisas, e as coisas que criam são duplicatas impressionantes dos pensamentos a partir dos quais são criadas.

2. Por meio da aplicação de autodisciplina, o pensamento pode ser influenciado, controlado e dirigido por transmutação em direção a um fim desejado, pelo desenvolvimento de hábitos voluntários adequados para a obtenção de qualquer fim determinado.

3. O poder do pensamento (com a ajuda da mente subconsciente) tem controle sobre cada célula do corpo, incentiva as células em reparação, estimula seu crescimento, influencia todos os órgãos do corpo, os ajuda a funcionar de forma organizada e auxilia no combate a doenças por meio do que é chamado comumente de "resistência do corpo". Essas funções são realizadas automaticamente, mas podem ser estimuladas por ajuda voluntária.

4. Todas as realizações do homem começam na forma de pensamento organizado em planos, metas e objetivos, e expressado em termos de ação. Toda ação é estimulada por um ou mais dos nove motivos básicos, como mostrado no gráfico número 1.

5. Há duas seções da mente que lidam com pensamento, a consciente e a subconsciente. A seção consciente, que opera por meio dos cinco departamentos da mente, está sob o controle do homem. A seção subconsciente está sob o controle da Inteligência Infinita (ver gráfico número 3). O "sexto sentido" está sob o controle da seção subconsciente da mente, e funciona automaticamente.

6. Tanto a seção subconsciente quanto a consciente da mente funcionam em resposta a hábitos, ajustando-se a quaisquer hábitos que o indivíduo possa formar, sejam voluntários, sejam involuntários. Quando os hábitos são formados, a mente passa a executá-los automaticamente, a menos que sejam modificados por hábitos diferentes e mais fortes.

7. A maioria de todos os pensamentos a partir dos quais a mente age não é necessariamente precisa, sendo baseada em "opiniões" pessoais, preconceito, medo e resultado da excitação emocional, tendo a faculdade da razão pouca oportunidade para modificá-los racionalmente. Os cinco sentidos são tão pouco confiáveis que podem ser enganados com facilidade, em especial quando funcionam sob excitação emocional, como medo, amor, sexo ou qualquer uma das outras emoções, sem a influência "equilibradora" da faculdade da razão.

8. O primeiro passo do pensamento preciso é separar fatos de meras indicações ou evidências a partir de boatos.

9. O segundo passo é separar fatos (depois de terem sido identificados como tal) em duas classes: importantes e sem importância. Fato importante é qualquer um que possa ser usado para ajudar alguém a alcançar o objeto de seu principal objetivo. Todos os outros fatos são relativamente sem importância. A pessoa comum passa a vida lidando com "inferências" baseadas em fontes de informação que não são confiáveis, e raramente tem em vista aquela forma de autodisciplina que exige fatos. Além disso, a pessoa comum nunca aprende a distinguir a diferença entre fatos "importantes" e "sem importância", o que pode explicar por que há tantos fracassos no mundo. É uma questão de avaliação, de organizar prioridades.

10. Desejo, baseado em um motivo definido, é o início de toda ação de pensamento voluntária associada à realização pessoal. A presença na mente de um desejo intenso tende a estimular a faculdade da imaginação com o propósito de criar maneiras e meios de alcançar o objeto do desejo. Se o desejo é mantido em mente de forma persistente por meio da repetição de pensamento, ele é captado pela seção subconsciente da mente e automaticamente levado à sua conclusão lógica pelos meios mais práticos disponíveis.

11. As fontes conhecidas de estímulo de pensamento são:

    a. Os cinco sentidos físicos (bem pouco confiáveis);

    b. O depósito da memória (também bem pouco confiável);

    c. A mente subconsciente, na qual o pensamento pode ser estimulado com influência da Inteligência Infinita. Muita gente acredita que essa é a fonte de estímulo de pensamento daqueles que são reconhecidos como "gênios", sendo a presunção a das pessoas que, por meio de autodisciplina e prática, desenvolvem a capacidade de usar sua mente subconsciente como quiserem para colocá-la em condição de recorrer à Inteligência Infinita para obter orientação ao realizar seus objetivos e metas;

d. As emoções, o local de todos os desejos. Dessa fonte vem todo o estímulo de pensamento baseado nas emoções principais, e, na medida em que esses sentimentos emocionais se expressam voluntariamente, é necessário obter controle sobre eles por meio da autodisciplina. Essa é a fonte da qual surge a maioria dos estímulos de pensamento, um fato responsável pela expressão "a emoção governa o mundo";
e. Faculdade da vontade, o "chefe" de todos os outros departamentos da mente. Embora essa faculdade seja o "chefe" da mente, ela tem sido mencionada mais por ter sido a menos usada pela maioria das pessoas. De longe, a maior parte de todo estímulo de pensamento da pessoa comum vem das emoções, e nem a faculdade da razão nem a força de vontade são consultadas em relação à maioria desses pensamentos, um erro que é responsável por muitos equívocos de julgamento que as pessoas cometem.

Até onde se tem conhecimento, essas cinco são as únicas fontes de estímulo de pensamento. Estude-as cuidadosamente (no gráfico número 3) e estabeleça uma imagem clara em sua mente dos fatores com que tem de lidar para adquirir a capacidade de organizar seus pensamentos. Esse gráfico deve ser consultado regularmente até você entender, porque é uma "imagem" do equipamento funcional de todo pensamento. O gráfico não pode ser dominado com um olhar casual.

Comece seu estudo do gráfico observando que a Inteligência Infinita, aquela fonte de todo o poder de pensamento, é posta no topo. Observe também que nenhuma faculdade mental tem conexão direta com a Inteligência Infinita, mas todos os departamentos da mente têm acesso a ela por meio do subconsciente.

Você vai notar que os primeiros cinco departamentos da mente (força de vontade, razão, emoções, imaginação e consciência) são ligados separadamente ao subconsciente; eles também são ligados diretamente uns aos outros.

As três fontes de estímulo do pensamento no fim do gráfico (intuição, os cinco sentidos e memória) foram separadas dos outros departamentos da mente por serem as três fontes de estímulo do pensamento menos sujeitas ao controle da vontade; portanto, precisam de atenção especial por meio de severa autodisciplina.

Três faculdades da mente (razão, imaginação e consciência) desempenham funções definidas no processo de pensamento, mas aparentemente nenhum estímulo de pensamento vem delas. Essas três faculdades modificam o pensamento depois de ele ter sido submetido a elas, mas não originam pensamento. A faculdade da razão compara todo pensamento à experiência passada do indivíduo (como é lembrada pela memória) e forma todos os julgamentos e opiniões. A faculdade da imaginação transforma os pensamentos do indivíduo em ideias, planos, maneiras e meios de alcançar os fins desejados. A consciência dá orientação moral a todos os pensamentos. Se forem consultadas sempre antes de se expressar qualquer pensamento na forma de ação, essas três faculdades da mente se tornarão fortes e confiáveis. Se não forem consultadas e o indivíduo adquirir o hábito de agir a partir do pensamento sem sua influência modificadora, elas atrofiarão e se tornarão inúteis.

Todas as faculdades da mente podem ser desenvolvidas e tornadas confiáveis da mesma forma que se pode desenvolver um braço forte, pelo exercício sistemático, por hábitos organizados de pensamento. Não há outro jeito de obter controle sobre a mente, exceto pelo uso sistemático, sob um plano que dará reconhecimento a todos os departamentos da mente, de acordo com as instruções aqui fornecidas.

Não desanime se não apreender o plano completo da operação da mente na primeira vez que ler este capítulo. Não é fácil fazer um desenho da operação da mente de forma que ela possa ser entendida à primeira vista. Leia o capítulo inteiro; depois o deixe de lado e pense um pouco sozinho, voltando aos três gráficos para refrescar a memória de tempos em tempos. Se você dominar o capítulo depois de uma dezena dessas leituras, terá sorte. Lembre, porém, que todo tempo que investir nisso será justificado, porque você está aqui lidando com a força mais importante que afeta sua vida – a questão do pensamento preciso.

Deixe-me apresentar aqui outro fator de grande importância no pensamento organizado – um que não foi incluído em nenhum gráfico. É a importância de obter a necessária autodisciplina para permitir que você acredite. Por exemplo, quando adota um objetivo principal definido, você deve focar todo o seu sentimento emocional no objeto dessa meta, com uma disposição de crença absoluta nessa realização.

Que seu *slogan* diário seja: "Você pode, se acreditar que pode".

Por algum estranho poder que ninguém conhece, a mente subconsciente age de forma direta e imediata sobre os pensamentos baseados na fé absoluta, e passa a levar esses pensamentos à sua conclusão lógica pelos meios práticos e naturais que estiverem disponíveis.

Todos os grandes líderes são capazes de acreditar. Há certos requisitos básicos do sucesso nos quais você precisa acreditar a fim de ser bem-sucedido. Alguns deles são:

1. Crença na Inteligência Infinita (Deus).
2. Crença em si mesmo.
3. Crença nos associados que escolhe.

4. Crença no certo sobre o errado; que o certo vai prevalecer se o indivíduo insistir em acreditar no certo.
5. Crença nas leis e nos fatos comprovados da ciência.
6. Crença no poder da mente para conectar-se com a Inteligência Infinita e tornar-se, portanto, irresistível.

A crença nesses seis temas é um requisito fundamental para o sucesso. Aceite-os como tal e não pare até acreditar automaticamente em todos eles.

Por mais estranho que possa parecer, o maior poder disponível para a humanidade é um poder intangível, cuja natureza e origem não são compreendidas. É o único poder irresistível do homem, e só há um meio pelo qual se pode tomar posse dele e usá-lo nas questões práticas da vida diária.

Esse poder deu ao mundo o melhor de tudo que apreciamos na vida moderna. Fez dos Estados Unidos o país mais rico e mais livre do mundo. Ganhou todas as guerras em que este país se envolveu. Construiu o grande sistema de ferrovias e o poderoso império industrial da América. Revelou grande variedade de invenções úteis. Conquistou o ar e dominou os oceanos. Deu-nos o poder da comunicação instantânea com quase todas as partes da Terra. Deu-nos o padrão de vida mais elevado conhecido pela civilização.

Resumido em uma frase, ele é "a capacidade dos homens de acreditar em alguma coisa". Só isso, sem definições modificadoras; o simples, claramente demonstrável poder de acreditar; o poder que operou milagres por eras. Nem todo o conhecimento científico que tem a humanidade pode concorrer com essa forma intangível de poder. Ele surpreende a mente dos mais sagazes dos homens e desafia a análise. Não tem nada em comum com lógica ou razão, e supera ambas quando quer. É uma lei em si mesmo, e a característica mais estranha desse poder é que ele pode ser tomado e usado pela pessoa mais humilde e, da mesma forma, pelos mais famosos e educados.

George Washington acreditou que seu pequeno punhado de soldados poderia devastar um exército muito superior, e foi o que eles fizeram, embora essa realização tenha se mantido como um dos triunfos militares mais desconcertantes de todos os tempos.

Edison acreditou que podia comandar a energia elétrica e fazê-la servir como luz. Ele se manteve inabalável atrás dessa crença por mais de dez mil fracassos e viveu para ver sua crença justificada, embora outros antes dele houvessem tentado alcançar o mesmo resultado e falhado – falhado, talvez, por não terem a capacidade da crença inabalável.

James J. Hill acreditou que poderia unir leste e oeste com uma grande ferrovia transcontinental e, embora fosse apenas um humilde operador de telégrafo, sem dinheiro e com poucos amigos influentes, traduziu essa crença em uma esplêndida realidade.

Os irmãos Wright acreditavam que poderiam construir uma máquina que pudesse transportar um homem com segurança pelo ar e sustentaram essa crença com persistência ao longo de muitos fracassos desanimadores, até que, finalmente, provaram mais uma vez que nem a lei da gravidade é páreo para o poder da crença do homem.

Um humilde agricultor chamado Milo C. Jones foi dominado pela paralisia, e os médicos disseram que ele nunca mais poderia andar. Felizmente, não disseram que ele nunca mais poderia usar sua mente, porque ele se apoderou dela, começou a dar instruções para os membros da família e viveu para ver sua crença em uma ideia simples render mais de um milhão de dólares. Essa ideia se tornou conhecida por toda a América como Little Pig Sausage (linguiça fresca de porco produzida por ele).

Estude os registros da humanidade onde quiser, volte no tempo o quanto quiser, e você vai descobrir que os homens fortes, os homens grandes, os homens bem-sucedidos são aqueles que acreditaram em alguma coisa.

O mundo pertence àqueles que acreditam. Sempre foi assim e sempre será. Portanto, ao organizar o poder de sua mente, não deixe de incluir em seus planos um programa definido de crença nas coisas que quer que se tornem reais. Que sua crença seja positiva. Acredite em alguma coisa, não contra alguma coisa, lembrando sempre que a crença é contagiosa; que a crença em algo tende a abrir caminho para a crença em muitas coisas, enquanto a descrença funciona da mesma maneira.

Ninguém pode ir além da mediocridade, a menos que acredite na própria capacidade de se tornar e permanecer autodeterminante. Um estudante dessa filosofia, que descobriu recentemente como se apoderar da própria mente por meio da organização do poder mental, expressou sua gratidão pelo novo poder a ele revelado com as seguintes palavras:

> Agradeço a Deus por desembaraçar
> A emaranhada meada de minha vida,
> Assim libertando minha mente para sempre
> De todas as formas de medo e dúvida.

Realmente, a mente que foi dominada pela autodisciplina por meio da apropriada organização dos departamentos da mente pode ser "libertada para sempre de todas as formas de medo e dúvida". A mente desorganizada nunca pode ser livre. A organização da mente deve começar com um inventário dos fatores que integram o pensamento, como foram apresentados no gráfico número 3. Esses fatores devem ser postos sob a autodisciplina e direcionados para fins definidos, por meio de esforço organizado. A mente se desenvolve e fortalece apenas pela ação. Até mesmo a crença é inútil, a menos que seja seguida por algum tipo de ação apropriada a sua natureza e seu propósito. A crença passiva não produz resultados que não sejam fracasso e derrota.

Quando Henley escreveu o poema a seguir, ele tinha em mente uma crença ativa, embora não deixasse esse fato totalmente claro em seus versos:

> Das entranhas dessa noite que me cobre,
> Negra como breu, que tudo envolve,
> Agradeço aos deuses, quaisquer que sejam,
> Por minha alma inconquistável.
>
> Nas garras cruéis das circunstâncias,
> Não estremeci nem bradei em pranto.
> Sob as repetidas bordoadas do acaso,
> Tenho a cabeça ensanguentada, mas erguida.
>
> Para além desse lugar de ira e lágrimas,
> Paira apenas o horror das sombras,
> Ainda assim a ameaça dos anos
> Encontra-me e há de me encontrar destemido.
>
> Não importa quão estreito o portão,
> Quão carregada de punições a lista,
> Sou senhor do meu destino,
> Sou o capitão da minha alma.

Sim, o indivíduo pode se tornar o "capitão de sua alma" se ele se apoderar da própria mente, organizá-la e, "andando humildemente perante seu Deus", expressá-la na forma de esforço organizado, calcado em definição de objetivo. Que pena Henley não ter acrescentado mais uma estrofe tornando isso claro.

E esse é um privilégio que o Criador deu a cada ser humano. Para enfatizar as grandes possibilidades desse privilégio, ele foi selecionado e transformado no único privilégio sobre o qual qualquer ser humano tem total controle. Os homens podem perder todos os bens terrenos, incluindo a boa saúde. Podem ser enganados, dominados, difamados e caluniados, ou podem ser jogados injustamente na prisão e privados de sua liberdade física, mas ainda podem criar os próprios pensamentos e usar o poder da própria mente sem o consentimento de nenhuma outra pessoa.

Como é incoerente que a única coisa sobre a qual um ser humano tenha total controle seja a única coisa que a maioria das pessoas não tenta controlar. A incoerência se torna ainda mais espantosa quando se reconhece o fato de o poder do pensamento organizado oferecer a solução a todos os problemas da pessoa, o que nada mais faz.

Teste esta afirmação em qualquer circunstância de vida que escolher e observe como é precisa. O que o homem desejar, ele pode alcançar com a ajuda do poder de seu pensamento, desde que organize os próprios pensamentos e use esse poder em uma disposição de crença na própria capacidade de fazê-la servir a suas necessidades. O pensamento, aplicado em uma disposição de crença, abre portas de prisões e dá aos homens sua liberdade. Desenvolve resistência física e liberta de doenças quando todo o resto falha. Derrota a pobreza com opulência. Dispersa o medo, a preocupação e o desânimo e preenche o espaço onde eles estavam com esperança, fé e paz de espírito. Além disso, funciona com a velocidade da luz, e não requer nada mais que uma vontade determinada para ser posto em ação.

Instruções gerais para o pensamento organizado

O pensamento preciso se baseia em dois importantes fundamentos, a saber:

1. Raciocínio indutivo, baseado na presunção de fatos desconhecidos, ou hipóteses de fatos.
2. Raciocínio dedutivo, baseado em fatos conhecidos, ou o que se acredita ser real.

Como expressei antes, há dois passos importantes necessários ao pensamento preciso. Primeiro, é necessário separar fatos de simples ficção, opiniões e boatos. Segundo, é preciso separar os fatos em duas categorias: importantes e sem importância. Um fato importante é qualquer acontecimento que possa ser usado para alcançar metas e objetivos.

"Opiniões", que formam a base da maioria do chamado pensamento, geralmente não são confiáveis, e com frequência podem ser muito perigosas, porque são muitas vezes baseadas em viés, preconceito, intolerância, suposição, boato ou pura ignorância. Os seguintes fatos relativos a "opiniões" devem ser conhecidos por todos que querem aprender a pensar com precisão.

1. Nenhuma opinião é confiável, a menos que se baseie em fatos conhecidos ou na fé no plano divino, e ninguém tem o direito de expressar opinião sobre qualquer assunto sem garantia razoável de que ela se baseia em fatos. Opiniões são o que há de mais gratuito do mundo, e muitas valem exatamente o que custam: nada.

2. Conselhos oferecidos por amigos, parentes e conhecidos muitas vezes não merecem consideração, e devem ser sempre analisados com muito cuidado antes de serem aceitos como um guia confiável para o pensamento.
3. Pensadores precisos não permitem que ninguém pense por eles. Verificam as fontes desses fatos da maneira como querem e fazem uso sensato das fontes para sua orientação.
4. Difamadores e fofoqueiros não são fontes confiáveis para se obter fatos sobre qualquer assunto, mas exercem poderosa influência na vida de muitas pessoas.
5. Desejos normalmente são os pais dos pensamentos, e muitas pessoas têm o mau hábito de presumir fatos para harmonizar com seus desejos. Para o seu próprio bem, observe com cuidado essa fraqueza humana comum.
6. O senso comum é abundante, e a maior parte dele é gratuita, mas fatos são esquivos, geralmente têm um preço. O preço é o trabalho duro para examinar sua exatidão.

Alguns testes ácidos a serem feitos ao separar fatos de mera informação ou inferência

Analise com grande cuidado tudo o que você ler nos livros, independentemente de quem os escreveu, e nunca aceite as conclusões de nenhum escritor como conclusivas sem fazer as seguintes perguntas e satisfazer-se quanto à correção das respostas:

1. O escritor é uma autoridade reconhecida no assunto sobre o qual escreve?
2. O escritor tem uma segunda intenção ou motivo egoísta além de divulgar informação precisa?
3. O escritor é um propagandista remunerado cuja profissão é organizar opinião pública em troca de pagamento? Se for, considere suas conclusões com cuidado incomum.
4. O escritor tem um interesse financeiro ou outro interesse pessoal no assunto sobre o qual escreve? Se sim, leve isso em consideração ao aceitar suas conclusões.
5. O escritor é uma pessoa de julgamento sensato, e não um fanático em relação ao assunto sobre o qual escreve? Fanáticos são propensos ao exagero, mesmo quando colocam fatos, e a colorir fatos para poderem transmitir impressões enganosas.

6. Existem fontes razoavelmente acessíveis nas quais as afirmações do escritor podem ser checadas e verificadas? Se sim, consulte-as antes de aceitar suas conclusões.
7. Pesquise também a reputação do escritor em relação à veracidade. Alguns são descuidados em relação à verdade. Meias verdades são, com frequência, as verdades mais perigosas.
8. Seja cauteloso ao aceitar como fatos as afirmações de pessoas fanáticas que têm o hábito de permitir que a imaginação corra solta. Essas pessoas são conhecidas como "radicais", e suas conclusões podem ser enganosas se levadas em consideração.
9. Aprenda a ser cauteloso e a usar seu julgamento, independentemente de quem tentar influenciá-lo. Se uma afirmação não combina com seu poder de raciocínio (e você deve treinar seu raciocínio para funcionar com clareza), se não estiver em harmonia com sua experiência, examine-a mais profundamente antes de aceitá-la como fato. A falsidade tem um jeito peculiar de trazer com ela uma nota de alerta, talvez no tom de voz ou na expressão do rosto, se for transmitida pela palavra falada. Treine-se para reconhecer esse aviso e ser guiado por ele.
10. Ao buscar fatos em outras pessoas, não revele a elas que fatos espera encontrar, porque muita gente tem o mau hábito de tentar agradar, mesmo que tenham de exagerar ou falsificar para isso.
11. Ciência é a arte de organizar e classificar fatos. Quando quiser ter certeza de que está lidando com fatos, busque fontes científicas para testá-los onde for possível. Homens de ciência não costumam ter motivo ou inclinação para modificar ou alterar fatos por nenhum propósito.
12. Suas emoções nem sempre são confiáveis, e geralmente o influenciam a tomar decisões, independentemente dos fatos. Antes de ser influenciado demais por suas emoções, dê à sua faculdade de raciocínio (sua "cabeça") uma chance de julgar o que está em questão, o que quer que seja. A cabeça é sempre mais confiável que as emoções (o "coração"). A pessoa que se esquece disso acaba vivendo para se arrepender da negligência.
13. Estes são alguns dos inimigos mais comuns do pensamento razoável, e devem ser analisados com cuidado antes de se tomarem decisões:
    a. As emoções de amor e sexo. As duas podem ignorar os fatos com facilidade e inutilizar a faculdade do raciocínio. Não permita.
    b. Ódio, raiva, ciúme, medo, vingança, ganância, vaidade, egoísmo, procrastinação e desejo de obter alguma coisa por nada, normalmente conhecido como "instinto de jogador". Essas emoções costumam distorcer os fatos.

c. Entusiasmo e imaginação descontrolados. Fique muito atento aos dois, porque podem ser tão perigosos quanto benéficos, pois são eficientes ferramentas de autoengano.

Deixe sua mente ser um eterno ponto de interrogação. No sentido de ser não um cético convicto que não acredita em nada, mas uma pessoa cautelosa que quer ser exata em seu pensamento. Questione tudo e todo mundo até ter certeza de que está lidando com fatos. Faça isso discretamente, no silêncio de sua mente, e evite ser conhecido como um "São Tomé". Seja sempre um bom ouvinte, mas seja também um pensador preciso ao ouvir o que outros estão falando.

Lembre-se: você vive em um tempo em que a distribuição de propaganda se tornou uma profissão altamente qualificada. As formas mais perigosas de propaganda são aquelas cujas fontes ou propósitos não são reconhecíveis. De fato, se fonte ou propósito forem óbvios, a tentativa de influenciar não é propaganda, é só publicidade.

Lembre-se também de que você foi dotado de três importantes departamentos mentais descobridores de fatos, que são (1) a força de vontade, (2) a faculdade do raciocínio e (3) a faculdade da consciência. Esses departamentos da mente se tornam fortes e confiáveis apenas pela disciplina, pelo treinamento e uso. Dê a eles uma chance de examinar tudo que você quiser considerar como fatos. Crie o hábito de contar com suas decisões. Se não for assim, talvez você nunca seja um pensador preciso.

Tome muito cuidado ao aceitar como fato qualquer coisa que se origine destas três áreas da mente: (1) os cinco sentidos, (2) as emoções e (3) a memória. Essas três fontes são deficientes e requerem a mais severa autodisciplina antes de se tornarem confiáveis. Qualquer psicólogo é capaz de enganar você por meio de todos os seus cinco sentidos físicos, e você sem dúvida está se enganando por meio desses sentidos quase diariamente. Por exemplo, se você cruza o segundo dedo de uma das mãos sobre o primeiro dedo e coloca um pequeno objeto entre a ponta dos dois dedos de forma a mantê-lo em contato com eles, o tato vai enganá-lo diante de seus olhos registrando dois objetos, em vez de um. No momento em que você tira os dedos da posição a que se acostumaram, interferindo, portanto, em seus "hábitos", eles deixam de dar a informação precisa. Da mesma maneira, os cinco sentidos podem ser enganados.

As emoções, igualmente, podem ser facilmente enganadas. Por exemplo, quando alguém é submetido ao medo por meio de algum tipo de emergência que estimula a emoção do medo, essa emoção vai enganar o sentido da visão, ou da audição, ou do olfato, ou do tato, um fato estabelecido sem sombra de dúvida. É em resposta às falsas impressões das emoções, ou os cinco sentidos, que homens e mulheres se tornam hipocondríacos (pessoas que sofrem de doenças imaginárias). A cura, nesses casos, pode ser promovida apenas pelo psiquiatra, ou pelo médico competente em terapias sugestivas.

Essa discussão tem a intenção de sugerir que você seja cauteloso ao aceitar qualquer informação recebida de outras pessoas, mas mais cauteloso de fato ao aceitar a informação que recebe de você mesmo. Parece lamentável que se deva prevenir alguém contra a aceitação de informações que se originam de sua própria mente, mas o aviso é justificado pelo grande número de pessoas que fracassam por mentir para si mesmas em pensamento. A arte de "se enganar" é perigosa.

A mente é um mecanismo estranho. Ela age a partir dos impulsos de pensamento, sejam eles destrutivos, sejam construtivos, precisos ou imprecisos, uma verdade que pode ser verificada pelo fato de a história da cura estar repleta de casos de pessoas cujo pensamento falho produziu os sintomas físicos da doença, quando na realidade não havia base para a doença, exceto a do pensamento.

Se os pensamentos dominantes do indivíduo se baseiam na aceitação da pobreza, a mente subconsciente leva esses pensamentos à sua conclusão lógica. A mente funciona da mesma maneira quando os pensamentos dominantes são de opulência e fartura. Tenha controle sobre sua mente, force-a a se alimentar de pensamentos que você escolhe, e então será, realmente, "o mestre de seu destino, o capitão de sua alma", como Henley expressou esse pensamento em seu poema.

Seus hábitos de pensamento são o resultado de herança social e física

Este capítulo sobre pensamento organizado não seria completo sem uma breve descrição de duas importantes leis da natureza pelas quais todo ser humano é influenciado ou controlado. Uma é conhecida como a lei da herança social, e a outra é a lei da herança física.

Pela lei da herança física, o indivíduo adquire todos os traços corporais, que consistem das características genéticas transmitidas pelas gerações de seus ancestrais. Essa lei nos fornece um estado físico que é permanente e fixo em relação ao corpo, e não há nada que possamos fazer para mudar os fatores hereditários desse estado. Porém, o Criador deu ao homem os meios pelos quais a herança física pode, em certa medida, ser superada, guiada, controlada, modificada e usada para servir ao indivíduo de acordo com seus meios de pensamento, por intermédio do que é conhecido como a lei de herança social.

Colocado da maneira mais simples possível, herança social consiste em influências ambientais, educação, experiência e impulsos de pensamento produzidos por estímulos externos, especialmente aqueles recebidos pelas seguintes fontes:

1. Treinamento religioso.

2. Treinamento educacional.
3. Treinamento político e econômico.
4. Intercurso social de qualquer natureza.
5. Tradição passada de pais para filhos.
6. Hábitos e influências comerciais, profissionais e ocupacionais.

Aqui, então, estão os seis principais ambientes que influenciam o pensamento, e é a essas fontes que devemos recorrer para termos um entendimento claro de por que pensamos como pensamos. Por meio da operação da lei da herança social, muitas pessoas adquirem ideias, crenças, opiniões e hábitos de pensamento. Precisamos entender essa verdade para nos tornarmos pensadores precisos. Devemos encarar o fato de que muito do que expressamos como crença individual não é mais que uma reflexão da crença, ou falsa crença, daqueles mais próximos de nós. Isso é tão verdadeiro que qualquer psicólogo pode fazer uma análise surpreendentemente exata da maioria das pessoas estudando as pessoas que convivem diariamente com o indivíduo, sabendo que muita gente absorve os hábitos de pensamento daqueles com quem se associa de maneira contínua.

As crianças são muito mais suscetíveis que os adultos à influência da herança social, porque têm a mente aberta, alerta, receptiva, e não treinada para a necessidade de questionar as influências em volta delas. É esse fato bem conhecido que baseia a afirmação feita certa vez pelo líder de uma seita religiosa de que, se tivesse total controle sobre qualquer criança desde o momento do nascimento até ela completar 7 anos, ele poderia incutir completamente suas ideias religiosas na mente dessa criança de tal forma que essas ideias jamais poderiam ser removidas.

Nem todas as crianças, é claro, são plenamente suscetíveis a esse controle completo e à formatação da mente pela religião, ou qualquer outro assunto, mas a maioria é. De tempos em tempos, muito raramente, nasce uma criança que, por razões desconhecidas por qualquer pessoa, se apodera da própria mente e do próprio pensamento. Quando isso acontece, o mundo encontra um possível livre pensador; mas o mundo nunca tem muitos desses tipos em dado período. Muita gente pensa por si mesma em segunda mão, por assim dizer, apenas refletindo os pensamentos, as ideias e crenças daqueles à sua volta, e isso se aplica a adultos e crianças.

Nem precisamos chamar atenção para o fato de esse tipo de pensamento não ser confiável, e raramente ser preciso, tomando-o como um todo.

Provavelmente temos mais pensadores precisos nos Estados Unidos do que existem em qualquer outro país, independentemente da população ou da natureza do sistema de vida, e isso se dá porque o estilo de vida americano fornece às pessoas o maior incentivo possível para o pensamento independente. Compare o estilo de vida americano àquele de países onde escolas, igrejas, jornais, rádio e todas as outras possíveis fontes de influência são estritamente controladas e censuradas pelo governo.

Em um país como Rússia ou Alemanha, por exemplo, o governo pode produzir, e produz, literalmente, uma corrida de pessoas que acreditam naquilo em que os que estão no controle no governo querem que elas acreditem. As pessoas não podem fazer nada; os jovens, pelo menos, que sofrem a influência da máquina de propaganda do governo desde que nascem, não podem fazer nada, porque seu pensamento é construído para ser comandado por eles e lhes é imposto pela lei da herança social. Seus padrões de pensamento são impostos pela escolarização, pelo treinamento religioso, pela leitura e, em grande medida, pela interação social com os membros da própria família e vizinhos.

Se colocarmos as principais influências da herança social sob o comando e a direção de um único homem aqui nos Estados Unidos, esse homem pode dar forma à mente dos jovens de tal maneira que em uma geração poderá impor uma ideia, crença ou objetivo que escolher. Aqui está o maior de todos os males de um governo de um homem só. Ele produz uma nação de pensadores de um homem só, destrói o privilégio do pensamento independente e da iniciativa pessoal e torna as pessoas submissas e dispostas a aceitar quaisquer condições de vida a elas impostas.

Se existe uma tragédia maior que todas as outras que podem acometer um indivíduo é a de ser roubado no nascimento o seu direito concedido por Deus de se apoderar da própria mente e usá-la do seu jeito. O próprio fato de o homem ter sido criado de forma a não controle sobre tudo, menos uma coisa, e essa coisa ser o direito de dirigir os próprios pensamentos, significa que o objetivo e o plano do Criador são dar à humanidade liberdade por meio do esforço pessoal. Não é provável que o Criador tenha pretendido que qualquer ser humano jamais fosse escravizado por alguém pela privação de seu privilégio de pensar os próprios pensamentos. A ideia de usar a lei da herança social para privar pessoas do privilégio de pensar por si mesmas é puramente humana e representa um dos mais trágicos abusos da lei natural conhecida pela civilização.

Uma das maiores bênçãos do estilo de vida americano é o maravilhoso sistema de escola pública, que, por sua descentralização, praticamente impossibilita que um homem ou um grupo fixem qualquer ideia permanentemente na mente dos jovens da América pelo controle do sistema escolar. No nosso país, as escolas públicas estão sob o controle de cidadãos locais em cada comunidade escolar, e que fique registrado para eterno crédito dessas pessoas que, em sua maioria, os homens e mulheres nos conselhos de educação, os superintendentes de escola, diretores e professores são cidadãos americanos cuja integridade, caráter, lealdade ao país e julgamento são da mais alta ordem.

No nosso sistema escolar, os jovens são ensinados a respeitar a bandeira dos Estados Unidos, mas isso é praticamente a única medida em que uma única ideia é imposta aos jovens de todas as escolas como um todo, e nem a isso eles são forçados; a ideia é ensinada por métodos que permitem que os jovens usem a própria faculdade de raciocínio.

Nos Estados Unidos, todas as principais fontes de inspiração do pensamento, como jornais, rádios, escolas e livros, são administradas para que cada indivíduo possa aceitar ou rejeitar qualquer ideia transmitida por essas fontes. Portanto, temos neste país todas as oportunidades de nos tornarmos pensadores livres, usar a mente como o Criador pretendeu que pudéssemos usá-la.

Se o pensamento de uma pessoa é deficiente neste país, a culpa é do próprio homem, não de um sistema criado para perverter a lei da herança social para fins indignos, como acontece em muitos outros países.

Apesar das grandes vantagens de nosso sistema, que incentiva o pensamento independente, persiste ainda o fato de a maioria de nosso povo negligenciar seu privilégio de pensar por si mesmo, e se tornar vítima, em grande medida, do pensamento defeituoso daqueles mais próximos dele. Isso se deve, em grande medida, à falta de compreensão dos fatores de herança social. Com todas as diversas vantagens do nosso sistema de ensino público, ele deixa de prover aos jovens da América uma clara compreensão do processo de pensamento preciso, e ensina a eles muito pouco das influências da herança social ou da mídia que inspira grande parte de seu pensamento. Essa fraqueza óbvia me fez sentir a necessidade de explicar a lei da herança social como parte essencial da filosofia da realização individual, já que ninguém pode se tornar autodeterminante sem uma clara compreensão das origens de seus pensamentos.

Como adquirimos "opiniões" pela influência da herança social

Grande parte das "opiniões" é não só desprovida de valor, mas também perigosa quando não se baseia em premissas razoáveis. Vamos dar uma olhada nas fontes de onde se originam muitas delas.

Várias alianças políticas são baseadas em impressões que se tem a partir de associação com parentes e amigos durante a juventude. O falecido Bob Taylor (ex-governador do Tennessee) certa vez demonstrou a um rapaz, de maneira dramática, a fonte de onde deriva seu ponto de vista político. "Por que", perguntou o governador Taylor, "você é um democrata tão convicto?" O jovem respondeu com a rapidez de um raio: "Sou um democrata porque vivo no Tennessee e meu pai e meu avô eram democratas. Por isso". "Bem", riu o governador brincalhão, "você não estaria em situação complicada se seu pai e seu avô fossem ladrões de cavalos?"

Não é certo que uma em cada mil pessoas aliadas a um dos dois grandes partidos políticos deste país possa descrever de maneira inteligente a diferença entre os dois partidos. Porém, muita gente tem convicções bem fortes de que o partido político a que pertence é o único que merece seu apoio. Os que podem explicar as diferenças entre esses dois partidos provavelmente não conseguem dar um motivo satisfatório para sua associação ao partido escolhido, nem suspeitam que sua aliança possa ser resultado das influências a que foram submetidos desde a infância, em vez de raciocínio razoável sobre os méritos relativos dos dois partidos.

A mesma condição se encontra na religião. Suspeitamos de que haja apenas alguns poucos membros de igrejas de qualquer denominação que possam definir claramente a diferença entre as várias denominações religiosas dos Estados Unidos, e talvez não seja um grande exagero dizer que a maioria dos indivíduos que pertencem a igrejas não consegue descrever com precisão os principais preceitos religiosos da própria igreja, muito menos os de outras igrejas. Porém, eles têm fortes convicções de que sua igreja é a preferida, sem se dar conta de que suas "opiniões" são resultado de herança social, e não o resultado de convicções religiosas cuidadosamente pensadas.

Muitas pessoas formam o hábito de acatar as crenças daqueles a quem se associam de forma mais próxima, sem considerar a solidez de suas crenças. O jeito como as pessoas chegam a suas crenças foi habilmente definido em quatro versos por Alexander Pope, que descreveu como alguém desenvolve tendências criminosas, a saber:

O vício é um monstro de aparência tão pavorosa,
Que para ser odiado, não precisa ser visto;
Mas visto com muita frequência, familiarizados com seu rosto,
Primeiro suportamos, depois nos apiedamos, depois o acatamos.

E isso vale para qualquer ideia que acatamos. De início podemos não aceitar, mas a associação próxima com ela aos poucos nos influencia a suportá-la, depois a aceitá-la como nossa, frequentemente esquecendo a verdadeira fonte de origem.

A mente absorve qualquer ideia à qual seja submetida repetidamente, seja essa ideia razoável ou não, certa ou errada, e criminologistas experientes nos dizem que quase todos os jovens que desenvolvem maus hábitos foram expostos por associação próxima a outros jovens ou adultos que deram o exemplo.

O hábito de beber, por exemplo, tornou-se popular durante a época da proibição, quando beber às escondidas atrás de uma porta fechada era considerado um ato de "esperteza". Pessoas que nunca consumiam bebida alcoólica antes dos dias de proibição desenvolveram o hábito porque "todo mundo fazia aquilo".

De maneira semelhante, o hábito de fumar tornou-se o "passatempo nacional" para jovens e adultos. Nunca soubemos de alguém que tenha adquirido o hábito sem antes ter que desenvolver o gosto pelos cigarros, o que mostra com clareza que o hábito não é resultado de um gosto natural por cigarros, mas da tendência comum que as pessoas têm de imitar coisas que veem os outros fazendo, e isso se aplica tanto ao pensamento quanto a outros hábitos.

É muito raro encontrar alguém, em qualquer lugar, a qualquer momento, que viva a própria vida, pense os próprios pensamentos, desenvolva os próprios hábitos e tente, mesmo que discretamente, ser quem é. Dê uma olhada nas pessoas que conhece melhor, estude-as com atenção e convença-se dessa verdade. Muita gente segue, aceita e age a partir de pensamentos de outras pessoas, como os carneiros de um rebanho seguem uns aos outros por caminhos estabelecidos no pasto. Muito raramente alguém se destaca da multidão, abre o próprio caminho de pensamento, forma os próprios hábitos, constrói os próprios pensamentos e é quem é. Quando você encontrar essa pessoa, atenção: você está diante de um pensador.

Nos negócios, nas profissões, na arte, na música e nos ofícios, encontramos a maioria das pessoas seguindo aqueles que passaram por ali antes delas, sem fazer a menor tentativa de ser original, pensar por conta própria. A profissão do advogado, por exemplo, é largamente influenciada por precedente. Eles dependem tanto de precedentes que juízes "opinam" com base no que outro juiz antes deles decidiu, e nessas opiniões estão os méritos de casos julgados. Os médicos são quase tão comandados por precedentes quanto os advogados.

O homem que disse que "metade daquilo em que acreditamos não é verdade" estabeleceu a verdade de forma muito modesta. Ele bem poderia ter aumentado a porcentagem em alguns casos em que poderia ter dito "A maior parte daquilo em que acreditamos é parcialmente inverídica" sem ter estado muito errado.

É uma experiência rara encontrar um homem que não cometa o erro de acreditar que tudo que aparece nos jornais é verdade, e tem gente que aceita como verdadeiras histórias publicadas em livros, tomando por base apenas a antiguidade dos livros.

Seria difícil encontrar uma pessoa que não tenha uma "opinião" sobre a teoria da relatividade de Einstein, apesar de a maioria não ser capaz de explicar a teoria, se pedirmos.

Outra fraqueza comum da maioria das pessoas é o hábito frequente da incredulidade. Quando os irmãos Wright anunciaram que tinham construído uma máquina que podia voar e convidaram repórteres de jornais a visitarem seu campo de aviação para verem com os próprios olhos, os jornalistas reagiram com tamanho ceticismo que se recusaram a ir. A ideia de uma máquina voadora era nova; portanto, ninguém acreditava nela, exceto os dois homens que a haviam criado. "Desdém anterior ao exame", como disse um filósofo, é uma falha comum em todo pensamento.

Quando Marconi anunciou que poderia enviar uma mensagem pelo éter, sem usar cabos, os próprios parentes ficaram tão assustados que o levaram para ser examinado por um especialista, convencidos de que ele havia realmente perdido a razão. Ninguém jamais havia mandado uma mensagem desse jeito antes; portanto, os pseudopensadores "argumentaram" que isso era impossível. Uma experiência semelhante é vivida por todo homem que criou alguma coisa inteiramente nova.

As pessoas simplesmente precisam ter "precedentes" pelos quais governar seu pensamento. Parece que nunca ocorre a eles examinar os fatos e ter informação em primeira mão. Os que assim agem são os Thomas A. Edison, os Henry Ford, os Alexander Graham Bell e outras exceções que são os pioneiros e a guarda avançada do progresso humano; todos pensadores.

Hábito controlado, a base do pensamento organizado

Agora vamos combinar os dois princípios importantes do hábito e da herança social e ver o que revelarão. A lei que impõe a toda coisa viva as influências dominantes do ambiente em que ela vive é uma lei natural, e é difícil mudar. Essa lei age por meio do que chamamos aqui de "herança social" – influências que extraímos dos relacionamentos sociais. É difícil mudar. Porém, ela pode ser usada com grande proveito ao ser combinada com o princípio do hábito controlado. E vamos lembrar que hábito é algo que podemos controlar.

Aqui, então, começa a história do pensamento organizado que quero apresentar em termos bem simples, tanto que qualquer criança que saiba ler poderá entender; leia devagar e pense enquanto lê, pois estou aqui abordando a análise de um dos maiores milagres da humanidade: o pensamento criativo – pelo qual se podem traduzir os impulsos de pensamento em seus equivalentes físicos, financeiros ou espirituais.

Se há uma parte dessa filosofia que é mais profunda que qualquer outra, é essa porção que agora estou apresentando, porque estamos aqui lidando com o verdadeiro poder por trás das realizações humanas; o poder que é responsável (por meio de seu mau uso) por boa parte da infelicidade humana; o poder que gera sucesso ou fracasso, de acordo com a sua aplicação.

Na medida em que crio com palavras a imagem de um poder intangível, quero usar um similar bem conhecido por meio do qual posso transmitir essa imagem. Vamos presumir que estamos realmente tirando uma foto do poder de pensamento, usando a mente como a placa sensível da câmera e o hábito controlado como as lentes pelas quais qualquer objeto pode ser fotografado.

A placa da câmera vai registrar qualquer objeto refletido pelas lentes. Ela não escolhe, registra tudo o que é projetado nela, seja bom, seja ruim. Para criar uma imagem clara, as lentes devem ser adequadamente focadas, e o objeto a ser fotografado deve ser envolvido com a quantidade apropriada de luz, e tudo isso depende da habilidade da pessoa que opera a câmera.

Portanto, o operador trabalha por meio do hábito controlado. Ele não registra a foto na placa da câmera; a luz e as substâncias químicas na superfície da placa "sensibilizada" fazem o registro; mas o operador escolhe o objeto a ser fotografado. Ele calcula o tempo de exposição de forma a fornecer a quantidade adequada de luz, e determina o foco das lentes para capturar os detalhes apropriados do objeto a ser fotografado. A foto que faz é diretamente proporcional à sua habilidade para controlar todos esses fatores. Ele também pode escolher o objeto que fotografa.

Agora vou mudar a cena da câmera para o cérebro humano e ver como os dois são perfeitamente parecidos na maneira de operação. O indivíduo escolhe o assunto que quer registrar nas células do cérebro, que serve como placa da câmera. Ele chama o assunto escolhido de objetivo principal definido. Ele quer que o cérebro capture uma imagem clara do objeto, registre-a e entregue à mente subconsciente para a tradução em sua realidade física. Daí ele continua, pelo princípio do hábito controlado, e coloca em sua mente consciente uma imagem daquilo que quer. Dia a dia ele recria essa imagem (pelo hábito controlado), reconhecendo, como faz o pensador habilidoso, que o impulso mental de pensamento por intermédio do qual ele pinta a imagem que o cérebro deve receber precisa do tempo certo (por exposições repetidas) para registrar, e isso também deve ser acompanhado pela proporção correta de "luz" (sentimento emocional), para permitir que o cérebro apreenda um desenho claro do pensamento.

Nesse processo de pintar no cérebro, uma imagem clara de um desejo que se quer realizar, usa-se de maneira consciente ou inconsciente o "mecanismo" do cérebro, conforme escrito no gráfico número 2. Portanto, vamos retomar esse gráfico e refazer os passos necessários.

Primeiro passo: adoção de um objetivo principal definido.
Segundo passo: criação de um plano prático para alcançar esse objetivo.
Terceiro passo: aliança de MasterMind com outras pessoas cuja experiência, educação, habilidade e influência possam ser necessárias.
Quarto passo: ação imediata para executar o plano adotado.

Observe que os quatro passos podem ser controlados com facilidade por qualquer pessoa, mas nada acontecerá se esses quatro passos não forem cumpridos e mantidos com persistência até sua conclusão lógica. Isso requer hábito controlado. Requer aplicação constante de rotinas necessárias até o objeto desejado ter sido alcançado.

Aqui, então, entra o efeito do hábito controlado sobre a herança social. Depois que se executa um plano voluntariamente para a realização de um objetivo principal definido, a lei da herança social fixa as atitudes do indivíduo na forma de hábitos permanentes, tanto hábitos físicos quanto hábitos de pensamento; porém, logo depois de o hábito controlado ser usado, a parte subconsciente da mente pega o hábito controlado e o leva a sua conclusão lógica por quaisquer meios práticos disponíveis.

Isso não significa, porém, que o trabalho deve ser deixado completamente para a mente subconsciente. O indivíduo deve agir por conta própria, como se não esperasse ajuda da mente subconsciente. O que a mente subconsciente faz realmente é isto: inspira (pela faculdade da imaginação) com ideias, planos, meios e maneiras de alcançar o objeto de seu propósito, e isso é tudo que deve ser esperado dela.

Ao dar os quatro passos aqui descritos, devem-se usar todos os princípios dessa filosofia exposta no gráfico número 2, que, como um todo, é uma parte daquilo que chamamos de hábito controlado. Esses princípios não funcionam simplesmente por sua leitura e compreensão. Devem ser postos em ação. A ação deve ser repetida até se tornar um hábito fixo. Estou repetindo isso de muitas maneiras diferentes porque não levar essa necessidade em consideração significa assumir a derrota. Portanto, seu próprio hábito controlado deve suplantar os hábitos que o ambiente sugeriu originalmente.

Pensamento organizado compõe-se de ação persistente na aplicação de qualquer combinação dos princípios dessa filosofia. Sem ação não haverá hábitos controlados. Sem hábitos controlados não haverá registro confiável no cérebro da imagem daquilo que se deseja. Portanto, não haverá nada que a mente subconsciente possa usar como base para ação.

Agora vejamos o gráfico número 3. Vamos estudar as fontes de poder e as faculdades da mente que estão envolvidas na execução dos quatro passos que descrevi.

A fonte de todo poder de pensamento é a Inteligência Infinita, mostrada no alto do gráfico. Essa inteligência não pode ser apreendida diretamente pelo cérebro do homem (por razões que ninguém conhece). Portanto, o Criador deu ao homem um elo entre a Inteligência Infinita e o cérebro, conhecido como seção subconsciente da mente. A mente subconsciente serve como uma "área de mistura" em que os desejos de um homem recebem o poder criativo necessário para que ele possa convertê-los em quaisquer formas de equivalentes físicos que escolher.

A seguir, no gráfico, vem a faculdade da força de vontade. Ela está sob o controle do indivíduo, e é a maior ferramenta para a formação dos hábitos controlados. (Se os hábitos controlados não são formados pela força de vontade, hábitos "aleatórios" se apoderarão da mente, correspondendo com precisão à natureza das influências ambientais do indivíduo. Esses hábitos desgarrados são formados pela lei da herança social.)

A faculdade da vontade é o "chefe" de todos os outros departamentos da mente. Ela pode criar os hábitos e pode desfazê-los. Pode contraordenar qualquer desejo das emoções e revogar qualquer decisão da faculdade da razão. Ela pode revogar até uma decisão da consciência.

A faculdade da vontade é a ferramenta com que se pinta uma imagem clara daquilo que se deseja, e ela age apresentando essa imagem à mente consciente repetidamente. Essa repetição do desejo ou objetivo, seguida pela ação apropriada para a realização dele, é o método pelo qual é formado o hábito controlado.

Se a faculdade da vontade é suficientemente determinada (como é o caso quando o objetivo principal definido de alguém é uma obsessão), ela pode convocar e convoca à ação qualquer outra região da mente. Ela convoca as emoções a agir, e elas agem. Ela acata a faculdade da razão, ou se recusa a ouvi-la. Dirige a faculdade da imaginação para que encontre meios e maneiras de alcançar os fins desejados, e essa faculdade faz o trabalho. Ela cava fundo o depósito da memória e extrai dela materiais (conhecimento, experiência etc.) que lá estão disponíveis. Ela induz a seção subconsciente da mente à ação e a leva a absorver um fluxo maior de Inteligência Infinita.

Ela estimula o "sexto sentido" e põe em operação o princípio da intuição. Mas não esqueça que ela só faz tudo isso quando é apoiada e inspirada por um forte desejo, ou um motivo obsessivo, na forma de um objetivo definido.

O ponto de partida do hábito controlado, portanto, é a definição de objetivo. Se esse objetivo é obsessivo, ele é capturado de imediato nessa proporção pela faculdade da vontade. Se o objetivo é vago, ou se não tem desejo emocional, a faculdade da vontade não vai querer saber dele, e nada vai acontecer.

Pode-se dizer, portanto, que as emoções servem como um meio para atear fogo à faculdade da vontade, para colocá-la em ação. Pensamento organizado é uma mistura da força de vontade e da força das emoções, devidamente equilibrado e direcionado para a realização de fins definidos. Pensamento desorganizado é aquele que é inspirado pelas emoções, sem a influência modificadora da vontade, isto é, emoção sem controle. Esse tipo de pensamento não tem valor. Pode ser, e normalmente é, muito perigoso. Se não for modificado pela faculdade da razão, ele é sempre perigoso. A faculdade da força de vontade é o meio que pode ser usado para equilibrar o relacionamento entre as emoções e a faculdade da razão.

Como se formam os hábitos

Os hábitos formam-se de duas maneiras: uma é pela repetição voluntária de qualquer ação ou pensamento desejado, usando a força de vontade, se necessário, para impor a repetição. Muitos hábitos voluntários, porém, surgem da expressão repetida de um desejo baseado em um motivo definido. Motivo é o maior de todos os meios para a formação de hábitos.

O outro tipo de hábito é involuntário. Desenvolve-se pela lei da herança social, a partir de influências do meio. Esses hábitos não são controlados. Eles seguem a linha da menor resistência. Levam à procrastinação, indiferença e indefinição, terminando por forçar o indivíduo ao que costuma ser chamado de "estagnação". Vamos lembrar que a lei da herança social está em operação sempre e em todos os lugares; que dirige os hábitos de pensamentos e ação do homem.

Depois que qualquer hábito foi bem estabelecido pela repetição de pensamento ou ação prática, ele se expressa automaticamente pela atividade física apropriada a sua natureza. É preciso dar atenção ao controle dos hábitos de pensamento, já que todos se refletem, de um jeito ou de outro, em ação física. Toda ação, portanto, começa na forma de um pensamento. Para controlá-la, é preciso apenas controlar os pensamentos. A presença de qualquer pensamento na mente tem a propensão de desencadear uma apropriada ação física em alguma área do corpo.

Enfatizei a importância da ação voluntária e controlada do corpo físico e da mente. É verdade que a simples presença de qualquer pensamento na mente tem a propensão para desencadear uma ação física apropriada no corpo, mas isso é só uma propensão. Pessoas bem-sucedidas não podem contar com "propensões". Devem adotar e aplicar regras confiáveis que tragam os resultados desejados, e que os tragam quando e onde forem necessários. Portanto, qualquer hábito que se queira desenvolver deve ser iniciado voluntariamente e repetido indefinidamente, até tornar-se automático em seu funcionamento. Não há outra maneira de desenvolver hábitos desejáveis. Hábitos de qualquer outra natureza não são controlados, mas controlam o indivíduo, levando-o a sofrimento, pobreza e fracasso com mais frequência do que ao sucesso.

O método pelo qual os hábitos são formados pode ser comparado àquele pelo qual os sulcos são abertos em uma estrada de terra pelas rodas de uma carroça. Uma passagem pela estrada deixa uma leve depressão na terra. Uma segunda viagem aprofunda a depressão, e assim por diante, até os sulcos se tornarem tão profundos que, quando as rodas caem neles, são guiadas pelas valas. Finalmente, se não houver cuidado, os sulcos se aprofundam tanto que se tornam uma canaleta grande o bastante para impedir totalmente o progresso.

A mente funciona da mesma maneira. Um pensamento sobre determinado assunto só causa uma leve impressão no cérebro. Uma repetição desse pensamento causa uma impressão mais profunda, e muitas repetições aprofundam a impressão de tal forma que ela se torna um "sulco mental" no qual as "rodas" do pensamento caem e operam automaticamente. Se a vala não for consertada, ela se torna tão profunda que, com o tempo, desestimula o pensamento.

Émile Coué tinha esse princípio do hábito de pensamento em mente quando preveniu seus seguidores para que repetissem muitas vezes por dia sua famosa fórmula de saúde e sucesso. "Dia após dia, em todos os sentidos, vou cada vez melhor." Para a pessoa que desconhece como os hábitos de pensamento se formam, essa fórmula pode parecer inútil; mas não para a pessoa que entende como opera o poder do pensamento.

Você saberá quando um hábito foi adequadamente estabelecido por seu estado mental e pelos resultados que obtiver dele. Quando o hábito é devidamente desenvolvido, você sente um entusiasmo contínuo em relação aos seus planos. O entusiasmo o conduzirá em todos os momentos conscientes. E continuará conduzindo até quando você estiver dormindo, por meio da mente subconsciente, e você não precisa se surpreender se a mente subconsciente interromper seu sono com alguma ideia ou um plano útil para alcançar seu objetivo principal definido. O trabalho não será mais um sacrifício; será um prazer ao qual você se dedicará com a mesma avidez com que come suas refeições quando está com fome. Além disso, coisas começarão a acontecer fora de sua mente, para lhe dar coragem. Pessoas começarão a cooperar com você com uma disposição entusiasmada. Oportunidades inesperadas para a promoção de seus planos e interesses pessoais surgirão à sua volta. Sua imaginação se tornará mais caprichosa e ativa. Você poderá trabalhar por muitas horas sem sentir fadiga. Terá melhor saúde que jamais teve antes. Aos poucos, os óculos escuros do desespero que esteve usando mudarão de cor, e você verá o mundo todo à sua volta por lentes transparentes de esperança e fé, porque terá mudado toda a vibração de seu ser, e com essa mudança virá uma melhoria no seu status financeiro, social e ocupacional.

Essa não é uma promessa vazia. Sei que será realizada por você, se seguir as instruções, porque aconteceu com milhares de outros estudantes dessa filosofia. A derrota pode acontecer, como acontece com todo mundo; mas você a usará como um desafio para se esforçar mais, porque terá descoberto que pensamento organizado é uma força irresistível, capaz de transformar pedras e tropeços em degraus.

Como, quero saber, poderia ser permanentemente derrotado alguém que adquiriu a habilidade de transmutar toda emoção, todo sentimento, todo medo e toda preocupação em uma força propulsora positiva construtiva para a realização de fins definidos? E isso é precisamente o que o indivíduo é capacitado a fazer pelo pensamento organizado.

> *Todo estudante dessa filosofia deveria ter a palavra* AÇÃO *gravada na consciência, porque ela é uma das palavras-chave de toda a filosofia.*
>
> — ANDREW CARNEGIE

Os pontos de vista de Andrew Carnegie sobre pensamento organizado

Esta entrevista aconteceu no escritório privado de Carnegie, há mais de trinta anos, enquanto o grande mestre do aço treinava seu protegido, Napoleon Hill, preparando a organização da Filosofia da Realização Americana.

HILL: Você explicou que um princípio importante da realização individual é o pensamento organizado. Também afirmou que ninguém pode ter certeza do sucesso sem a capacidade de organizar seus hábitos de pensamento. Então pode ir adiante e explicar o significado da expressão "pensamento organizado"? Tenho uma ideia geral do que ela significa, mas gostaria de ter uma explicação detalhada sobre seu significado, e também uma compreensão clara de como esse princípio se aplica aos aspectos práticos da vida.

CARNEGIE: Antes de discutir a organização do pensamento, vamos examinar o pensamento. O que é pensamento? Com o que pensamos? O pensamento se submete ao controle individual?

Pensamento é uma forma de energia que é distribuída pelo cérebro, mas tem uma qualidade peculiar desconhecida por todas as outras formas de energia: ele tem inteligência.

Pensamento pode ser controlado e dirigido para a obtenção de qualquer coisa que o homem desejar. De fato, pensamento é a única coisa sobre a qual a pessoa tem controle total, isso é indiscutível. O sistema de controle é tão completo que ninguém consegue entrar na mente de outra pessoa sem seu consentimento, embora o sistema de proteção seja tão pouco guardado, normalmente, já que a mente humana pode ser penetrada por uma pessoa habilitada em interpretação do pensamento quando e como ela quiser. Muita gente não só deixa a mente aberta para outras pessoas entrarem e interpretarem seus pensamentos, como também revela voluntariamente a natureza de seus pensamentos por expressões descuidadas de fala e por sua conduta pessoal, expressão facial e coisas do tipo.

HILL: É seguro deixar a mente aberta para a entrada de outras pessoas?

CARNEGIE: Tão seguro quanto deixar a porta de casa destrancada, com todos os seus bens valiosos lá dentro, com a diferença de que a perda de bens materiais é nada comparada à perda que se pode sofrer deixando a mente aberta para quem quiser se apossar dela.

O hábito de deixar a mente aberta e desprotegida permite não só que outras pessoas entrem e tomem conhecimento de seus pensamentos mais privados, como também que alguns tipos de pensamentos "vagabundos", produzidos pela mente de outras pessoas, entrem na sua.

HILL: Você acredita que os pensamentos passam de uma mente para outra, então?

CARNEGIE: Sim, a mente de uma pessoa é constantemente bombardeada pelos impulsos de pensamento liberados da mente de outras, especialmente aquelas com quem tem contato próximo diariamente. Um trabalhador cuja mente é negativa, se deixado em interação com outros trabalhadores, vai transmitir esses pensamentos negativos a todas as outras pessoas ao alcance de sua influência, mesmo que nunca fale uma só palavra ou faça um único movimento indicando seu estado de espírito. Vi isso acontecer com tanta frequência que não poderia me enganar.

HILL: E é por isso que enfatiza com tanta veemência a necessidade de harmonia entre as pessoas associadas em uma aliança de MasterMind?

CARNEGIE: Essa é uma das principais razões pelas quais enfatizo a importância da harmonia. A "química" do cérebro é tal que o poder da mente de um grupo pode ser organizado para funcionar como uma unidade de poder só quando há perfeita relação entre a mente dos indivíduos.

HILL: Um dos passos importantes no pensamento organizado parece ser a aliança de MasterMind, pela qual os homens reúnem seu poder mental, sua experiência, educação e conhecimento, e se movem em resposta a um motivo comum. É essa a ideia?

CARNEGIE: Você resumiu perfeitamente. Poderia ter dito que a aliança de MasterMind é o passo mais importante que se pode dar em relação ao pensamento organizado, porque isso é verdade. Mas pensamento organizado começa com a organização dos hábitos mentais do indivíduo. Para tornar-se um membro efetivo de uma aliança de MasterMind, um indivíduo precisa antes formar hábitos de pensamento definidos, controlados. Um grupo de homens trabalhando junto sob o princípio do MasterMind, cada um autodisciplinado para controlar seus hábitos de pensamento, representa um pensamento organizado da mais alta ordem. Na verdade, nunca se pode ter total garantia de harmonia em um grupo de MasterMind, a menos que cada membro do grupo seja tão autodisciplinado que possa controlar os próprios pensamentos.

HILL: Eu entendi bem, você disse que um indivíduo pode mesmo autodisciplinar-se de forma que consiga controlar a natureza de seus pensamentos?

CARNEGIE: Sim, isso mesmo, mas lembre-se de que o controle sobre os pensamentos é obtido pela formação de hábitos de pensamento definidos. Você sabe, é claro, que, uma vez formados os hábitos, eles funcionam automaticamente, sem nenhum esforço voluntário do indivíduo.

HILL: Mas não é muito difícil forçar a mente a funcionar por hábitos definidos? Como se pode desenvolver esse tipo de autodisciplina?

CARNEGIE: Não, não tem nada de difícil na formação de hábitos. Na verdade, a mente está constantemente formando hábitos de pensamento sem o conhecimento consciente do indivíduo, respondendo, como faz a mente, a toda influência que a atinge a partir do ambiente diário. Pela autodisciplina, pode-se mudar a ação da mente, passando desde respostas até a influências casuais que a cercam para assuntos de sua escolha. Isso se faz plantando na mente um motivo definido, baseado em um objetivo, e intensificando esse objetivo até ele se tornar uma obsessão.

Colocando de maneira diversa, é possível ocupar a mente com um objetivo definido tão interessante que não sobre tempo ou oportunidade para lidar com outros assuntos. Dessa maneira ele forma hábitos de pensamento definidos. A mente responde a quaisquer estímulos a ela oferecidos. Quando um homem é guiado por um forte desejo de obter sucesso em qualquer direção dada, sua mente responde a esse desejo e forma hábitos de pensamento definidos relacionados à realização desse desejo.

HILL: Então, o pensamento organizado começa com a definição de um objetivo?

CARNEGIE: Tudo que o homem realiza começa com definição de objetivo. Dê um único exemplo, se puder, em que um homem tenha alcançado alguma forma de sucesso sem um motivo definido, baseado em um objetivo definido, implementado por meio de um plano definido. Mas você deve lembrar que há mais um fator que deve ser considerado em relação à definição de objetivo. Ele deve ser expresso em termos de ação intensa. É aí que o poder das emoções se manifesta. O sentimento emocional do desejo pela obtenção de um objetivo definido é o poder que dá vida e ação àquele objetivo e influencia o indivíduo a se mover por iniciativa própria. Para garantir resultados satisfatórios, o objetivo definitivo deve receber proporções obsessivas. Deve ser amparado por um desejo ardente por sua realização. Desejos desse tipo se apoderam completamente da mente do indivíduo e a mantêm tão completamente ocupada que ela não tem inclinação ou oportunidade para entreter pensamentos perdidos projetados pela mente de outras pessoas.

HILL: Creio que entendo o que quer dizer. Por exemplo, um jovem que está apaixonado não tem dificuldade para manter a mente focada no objeto de seu amor, e não é incomum sua mente encontrar maneiras e meios de induzir uma resposta a seus afetos por parte da mulher que escolheu. Nesse tipo de circunstância, não se tem dificuldade para formar hábitos de pensamento controlado.

CARNEGIE: Seu exemplo é perfeito. Agora passe a outro tipo de propósito, como o desenvolvimento de uma empresa, ou de uma profissão, ou a conquista de uma posição definida, ou o acúmulo de dinheiro, e você terá uma ideia de como esses fins são alcançados por meio do desejo obsessivo por sua realização.

HILL: Mas não se pode dar o mesmo tipo de desejo emocional à realização de coisas materiais e ao amor pela mulher escolhida.

CARNEGIE: Não, é claro que não; mas há outras emoções com as quais se pode estimular o desejo por coisas materiais. Estude os nove motivos básicos e você vai notar que qualquer tipo de desejo é emocional em sua natureza. Existe o desejo por riquezas materiais, e ele é um desejo universal e bem desenvolvido para muita gente; o desejo por expressão pessoal, que leva ao reconhecimento e à fama; o desejo de autopreservação; e o desejo de liberdade para corpo e alma. Todas as emoções, inclusive, é claro, a do amor, podem ser convertidas para a realização de qualquer propósito desejado. O desejo de acúmulo de riquezas materiais pode, por exemplo, ser associado ao amor pela mulher escolhida, de forma que o desejo por dinheiro seja associado ao desejo de dar a ela confortos que o dinheiro comprará. Nessa circunstância, o indivíduo teria um motivo duplo para o acúmulo de dinheiro.

HILL: Ah, sim. Entendo o que quer dizer. Na verdade, o indivíduo pode ser influenciado pelos sete motivos positivos, como uma força motriz por trás de seu principal objetivo, não pode?

CARNEGIE: Sim, pelos sete motivos positivos e, por transmutação da emoção, também pelos dois motivos negativos. Você sabe, é claro, que qualquer emoção, seja ela positiva, seja negativa, pode se tornar uma inspiração para a ação que será dirigida para a realização de qualquer fim desejado. O medo, por exemplo, costuma servir como uma poderosa inspiração para a ação. Para se beneficiar disso, é preciso apenas controlar seus hábitos de ação, até que esses hábitos se tornem automáticos.

HILL: Quer dizer que hábitos funcionam voluntariamente, sem nenhum esforço por parte do indivíduo?

CARNEGIE: Sim, é exatamente isso que qualquer hábito faz quando é fixado.

HILL: Você disse "quando é fixado". O que fixa um hábito? O indivíduo tem que fixá-lo, e, se sim, como ele faz para tornar um hábito permanente?

CARNEGIE: Os hábitos são fixados por alguma lei desconhecida da natureza que faz os impulsos de pensamento serem apreendidos pela mente subconsciente e transmitidos de forma voluntária. Essa lei não cria hábitos. Ela apenas os fixa para que operem automaticamente. O indivíduo inicia um hábito repetindo um pensamento ou um ato físico. Depois de um tempo (dependendo do sentimento emocional que se junta ao pensamento), os hábitos de pensamento são acatados e seguidos voluntariamente.

HILL: Então a formação de hábitos é algo que um indivíduo pode controlar?

CARNEGIE: Ah, sim. E devo lembrar que o controle da formação de hábito é uma parte importante do pensamento organizado. Um indivíduo pode instalar quaisquer hábitos que escolher, repeti-los por um tempo, da mesma forma que alguém mantém a execução de um exercício físico, e depois disso os hábitos se tornam automaticamente perpetuados sem que se dê a eles atenção consciente.

HILL: E você disse que alguma lei desconhecida da natureza fixa os hábitos de forma que se perpetuem?

CARNEGIE: Sim, esse é um fato estabelecido. É um dos fatos mais importantes em todo o campo dos fenômenos mentais, porque é literalmente o meio pelo qual um indivíduo pode tomar posse da própria mente. O homem que descobrir o segredo pelo qual a natureza fixa os hábitos humanos terá dado uma estupenda contribuição à ciência, uma contribuição maior, talvez, que a que foi dada por Newton, que descobriu a lei da gravidade. Quando a descoberta for feita, se for feita algum dia, talvez seja revelado que a lei que fixa os hábitos do homem e a lei da gravidade têm uma relação muito próxima, ou que são a mesma.

HILL: Sua hipótese me intriga. Poderia explicá-la melhor?

CARNEGIE: Tudo que sabemos com certeza sobre hábito é o fato de que qualquer pensamento ou ato físico que é repetido tende a se tornar perpetuado por meio de alguma força que executa o hábito automaticamente. Sabemos que hábitos podem ser mudados, modificados ou eliminados completamente pelo processo simples de adotar voluntariamente hábitos opostos de uma natureza mais forte. Por exemplo, o hábito da procrastinação (um hábito que aflige todo mundo em certa medida) pode ser dominado pela instalação de hábitos definidos de iniciativa rápida, com base em um motivo suficientemente forte para garantir que os novos hábitos sejam uma influência dominadora na mente até se tornarem automáticos em sua operação.

Então, motivo e hábito são irmãos gêmeos. Quase todo hábito que adotamos voluntariamente é resultado de um motivo definido, ou objetivo. Portanto, é possível estabelecer qualquer hábito que se desejar, ou eliminar qualquer hábito indesejado, adotando suficiente autodisciplina para fixar seus hábitos até que se tornem automáticos. Se os hábitos não são fixados voluntariamente, eles se desenvolvem sem a ajuda consciente do indivíduo. É assim que muitos hábitos indesejáveis se formam.

HILL: É óbvio, então, que o princípio da autodisciplina é um instrumento necessário na formação de hábitos que formamos deliberadamente?

CARNEGIE: Sim, autodisciplina e pensamento organizado são quase sinônimos. Não pode haver pensamento organizado sem severa autodisciplina, porque, afinal, pensamento organizado não é mais que um pensamento escolhido com cuidado. Hábitos de pensamento podem ser estabelecidos apenas por severa autodisciplina. Motivo, ou desejo obsessivo, facilita muito a autodisciplina. Não é nada difícil formar hábitos de pensamento se temos um motivo definido, amparado por um forte desejo emocional pela obtenção do objeto almejado.

HILL: Quer dizer que é fácil formar hábitos de pensamento relacionados a assuntos pelos quais se tem um intenso interesse pessoal?

CARNEGIE: Essa é a ideia, exatamente. O procrastinador vaga pela vida, um fracasso, porque não tem motivo obsessivo para fazer nada específico. Seu pensamento não é organizado porque ele não escolheu nenhum chamado específico para o planejamento organizado.

HILL: Pode descrever rapidamente os principais benefícios do pensamento organizado para o homem que deseja fazer o melhor uso de seu tempo e sua capacidade?

CARNEGIE: Os benefícios são tantos que é difícil decidir onde começar e onde parar, mas aqui vão algumas vantagens mais óbvias desse hábito:

1. Pensamento organizado permite que o indivíduo se torne senhor de sua própria mente. Isso é algo que ele alcança treinando sua faculdade da vontade para controlar as emoções, ligando-as e desligando-as como a ocasião pedir.
2. Pensamento organizado força o indivíduo a trabalhar com definição de objetivo, capacitando-o, portanto, a instalar um hábito que proíbe a procrastinação.
3. Ele desenvolve o hábito de trabalhar com planos definidos, em vez de seguir às cegas pelo método de tentativa e erro.
4. Ele permite que o indivíduo estimule a mente subconsciente para melhor ação e respostas mais prontas na realização dos fins desejados, em vez de deixar a mente subconsciente responder aos pensamentos "vagabundos" e às influências destrutivas do ambiente.
5. Desenvolve autossuficiência.
6. Dá ao indivíduo o benefício do conhecimento, da experiência e da educação de outras pessoas por meio da aliança de MasterMind, que é um meio importante usado por todos os pensadores capazes.
7. Ele permite que se convertam esforços com mais recursos materiais e melhor rendimento, já que a mente organizada pode produzir mais que a desorganizada.
8. Desenvolve o hábito da análise precisa, pela qual se pode encontrar a solução de seus problemas, em vez de preocupar-se com eles.
9. Ajuda a manter boa saúde, porque o poder mental organizado e dirigido para a realização de fins desejáveis não tem tempo a perder com autopiedade ou doenças imaginárias. A mente ociosa tende a desenvolver corpos doentes.
10. Por fim, mas não menos importante, o pensamento organizado leva à paz de espírito e àquela forma de felicidade conhecida apenas pelo homem que mantém a mente plenamente ocupada. Ninguém pode ser feliz ou bem-sucedido sem um programa planejado para o uso de seu tempo. Programas planejados são baseados em pensamento organizado.

Como afirmei antes, o cérebro é como um jardim fértil onde vai crescer espontaneamente muito mato se não for organizado e mantido ocupado produzindo vegetais mais desejados. O mato é representado pelos pensamentos aleatórios que se apossam da mente desorganizada, ociosa, como resultado do ambiente diário.

Estude cuidadosamente essa lista de benefícios e você chegará à conclusão de que qualquer um deles oferece recompensa suficiente para justificar todo o esforço que se faz para a organização dos hábitos de pensamento. A soma de todos esses benefícios representa a diferença entre sucesso e fracasso. Sucesso é sempre resultado de uma vida ordenada. Uma vida ordenada decorre de pensamento organizado e hábitos cuidadosamente controlados.

HILL: Pelo que disse, deduzo que trabalho e pensamento organizado estão essencialmente relacionados.

CARNEGIE: Nada pode tomar o lugar do trabalho como uma parte do pensamento organizado. O trabalho é o poder do pensamento traduzido em ação física. Não se pode contar com a transformação do pensamento organizado em hábito até que ela seja expressada em alguma forma de ação.

HILL: Você afirmou que pensamento organizado começa com a adoção de um objetivo definido; e o objetivo deve ser seguido por um plano, expressado em ação até que a ação se torne um hábito. Agora diga se é ou não possível ter a mesma efetividade ao expressar um plano de ação relacionado a alguma forma de trabalho que o indivíduo não goste de fazer como a obtida fazendo aquilo de que gosta.

CARNEGIE: Um homem sempre será mais efetivo quando se dedicar ao tipo de trabalho que gosta de fazer. Por isso o objetivo principal de alguém deve ser sua primeira opção. Pessoas que vagam pela vida fazendo trabalhos de que não gostam simplesmente porque precisam ter uma renda para sobreviver raramente ganham mais que a sobrevivência por seu esforço. Esse tipo de trabalho não inspira a prestação de serviço com um desejo obsessivo de trabalhar. Essa é uma das tragédias da civilização, o fato de ainda não termos encontrado um jeito de dar a cada homem o tipo de trabalho que ele mais gosta de fazer. Esse tipo de trabalho nunca é um sacrifício.

HILL: Então seria apropriado dizer que o pensamento organizado pode ser mais bem-feito quando se move com um motivo definido no desempenho do trabalho de sua escolha, sob condições que o inspiram a fazer seu trabalho com um desejo obsessivo?

CARNEGIE: Essa seria uma maneira de colocar a questão. Quando começar a analisar homens bem-sucedidos e aqueles que fracassam, você vai notar que os bem-sucedidos sempre se dedicam ao trabalho que gostam de fazer. Horas não significam nada para eles. Esses homens consideram a alegria de trabalhar uma parte importante – talvez a mais importante – de sua compensação.

HILL: Acha que vai haver um tempo em que a sociedade organizada encontrará maneiras e meios de ajudar todo mundo a fazer o que mais gosta de fazer?

CARNEGIE: Sim, acho que esse tempo vai chegar, porque esse tipo de sistema não apenas seria econômico, mas também eliminaria muitos dos mal-entendidos que hoje prevaleçam entre empregadores e empregados. O homem que se dedica ao trabalho de sua escolha vale muito mais que aquele que faz um trabalho de que não gosta, seja qual for o salário.

HILL: Não é responsabilidade dos empregadores encontrar um jeito de atribuir a todos os trabalhadores o tipo de trabalho que eles mais gostam de fazer?

CARNEGIE: Talvez seja, mas nosso sistema atual nem sempre facilita essa questão. Existe apenas um número limitado de empregos para cada tipo de trabalho a ser feito em determinado ramo, e geralmente os mais apreciados são aqueles que existem em menor número. A solução para esse problema seria criar um sistema melhorado de empregos – algo que permitisse a um empregador selecionar homens que são mais adequados para cada emprego específico, levando em conta sua habilidade natural, treinamento e preferência. Também seria necessário um sistema diferente de compensação – algo que desse aos homens uma oportunidade de ganhar mais dinheiro ao executar um trabalho menos desejável, estabelecendo assim um motivo para mais dedicação a esse trabalho.

HILL: Posso perceber que a análise desse assunto leva imediatamente a questões mais profundas. Parece que a solução para o problema tem que começar quando o indivíduo ainda está sendo educado, por meio de um sistema que o prepare para fazer o trabalho de sua escolha. Então, todas as instituições de ensino deveriam coordenar esforços de tal forma que não direcionassem tantos homens para alguns tipos de trabalho e tão poucos para outros. Isso exigiria uma pesquisa periódica de indústria, comércio e das profissões para capacitar as instituições de ensino a determinar quantos homens de cada classificação poderiam ser absorvidos pelo mercado de trabalho.

CARNEGIE: Sim, o sistema teria que ser conduzido desse jeito. No momento, por exemplo, as escolas formam médicos, professores e advogados em número muito maior do que o necessário, o que resulta em alguns desses profissionais enfrentando dificuldades para viver.

HILL: A partir de sua análise, entendo que o pensamento organizado deveria começar por aqueles envolvidos no trabalho educacional e por quem gerencia as áreas de indústria e comércio.

CARNEGIE: Sim, esse é um lugar por onde deveria começar, mas não esqueça que o hábito do pensamento organizado também é uma responsabilidade individual, e o indivíduo que a negligencia deve aceitar da vida o que ela lhe entrega. As melhores coisas da vida irão sempre para os homens que formam hábitos de pensamento organizado. Sempre foi assim, sempre será. Pensar de maneira construtiva é uma responsabilidade que ninguém pode delegar a outro. É uma responsabilidade individual.

HILL: Se pensamento organizado é uma responsabilidade individual, deve haver um ponto de partida no qual se começa a adquirir a habilidade de organizar o pensamento e pelo menos algumas regras simples que possam orientar o indivíduo nessa missão de organizar seus pensamentos. Pode relacionar algumas dessas regras?

CARNEGIE: Bem, a primeira coisa necessária para se tornar um pensador preciso é reconhecer que o poder com que pensamos é "dinamite mental", que pode ser organizada e usada de maneira construtiva para a realização de fins definidos, mas, se não for organizada e usada por meio de hábitos controlados, pode se tornar "explosivo mental", que vai, literalmente, destruir as esperanças de realização do homem e levá-lo ao inevitável fracasso.

Colocando a questão de outra forma, é necessário reconhecer que o poder de pensamento é, provavelmente, uma porção projetada de Inteligência Infinita, mas cada indivíduo tem o privilégio de se apropriar desse poder e usá-lo para a realização de fins por ele escolhidos; que o meio de apropriação e controle é a formação de hábitos controlados. Não se pode controlar Inteligência Infinita, mas é possível controlar os próprios hábitos físicos e mentais, e assim, indiretamente, é possível se apropriar da Inteligência Infinita e usá-la, porque Inteligência Infinita fixa os hábitos do indivíduo e os torna permanentes e automáticos em sua operação.

A seguir, o pensador preciso deve aprender como se servir de fontes confiáveis de informação; onde obter fatos confiáveis de que vai precisar em relação ao pensamento organizado. Adivinhação e torcida (as fontes de informação mais comuns para a maioria das pessoas) não são confiáveis, não podem substituir fontes precisas dos fatos.

É aqui que o princípio do MasterMind se torna indispensável, porque permite que o indivíduo suplemente seu estoque de conhecimento com o conhecimento, a educação, a experiência e a habilidade natural de outras pessoas com quem tenha uma aliança de MasterMind. Se esses aliados de MasterMind forem escolhidos com sabedoria, como a maioria dos empresários bem-sucedidos e líderes em suas áreas escolhem, é possível ter à disposição as fontes de conhecimento mais confiáveis que escolarização e experiência têm a oferecer. Então, ao pensar, planejar e organizar, o homem em questão tem não apenas o próprio cérebro para guiá-lo, mas também o de cada membro de sua aliança de MasterMind.

Não há como escapar disso. A formação de uma aliança de MasterMind é um dos passos mais importantes para se dar a fim de organizar o pensamento, e evidência disso pode ser encontrada no fato de que todas as pessoas bem-sucedidas são aliadas, de um jeito ou de outro, a outras cujo conhecimento usam livremente. Sem essa aliança, não pode haver a realidade do pensamento efetivamente organizado, porque o cérebro (por mais capaz que seja) nunca é completo sozinho. Quando falamos que a esposa de um homem é sua cara-metade, expressamos, geralmente, muito mais do que percebemos, porque se sabe bem que a mente de nenhum homem é completa sem a harmoniosa aliança com a mente de uma mulher. Portanto, cada homem deve incluir pelo menos uma mulher em sua aliança de MasterMind. Quando as mentes feminina e masculina se combinam, ou se misturam, em espírito de harmonia, a aliança sintoniza e se apropria de uma proporção muito maior daquela força que chamamos de "poder espiritual" do que poderia ter se operasse de maneira independente. O homem que ignora essa verdade sofre uma irreparável perda de potencial do poder da mente, porque não há nada que possa substituir o poder espiritual.

Não sei dizer o que é, exatamente, "poder espiritual", mas presumo que seja apenas um volume maior de Inteligência Infinita que aquele disponível onde o sentimento que descrevemos como "espiritual" não está presente. Há certas emoções que elevam o indivíduo a esse sentimento exaltado, como a emoção do amor e a da fé. Enquanto a mente for estimulada por esse sentimento exaltado, a faculdade da imaginação se tornará mais alerta, as palavras desse indivíduo adquirirão uma influência magnética que as tornará impressionantes, medo e autolimitação desaparecerão, e ele ousará assumir tarefas que não pensaria em começar quando sua mente era estimulada apenas pelos processos puramente mentais do entusiasmo e desejo.

HILL: Quer dizer que é possível relacionar-se com outras pessoas sob o princípio do MasterMind de maneira a se colocar acima dos processos comuns de operação mental e sob a influência orientadora desse poder conhecido como espiritual? E isso também é uma parte do pensamento organizado?

CARNEGIE: É exatamente isso que quero dizer. A expressão pensamento organizado significa tudo que as duas palavras conotam. Isto é, pensar com base em toda a vantagem conhecida, todo o estímulo mental conhecido, toda a fonte explorada de conhecimento preciso e a mais elevada forma de habilidade, seja ela nativa, seja adquirida, seja ela habilidade individual, seja a habilidade disponível por meio da mente de outras pessoas.

HILL: Perdoe-me se parecer deboche, mas, pelo que acabou de dizer, um homem que é altamente habilidoso como pensador organizado é uma espécie de super-homem.

CARNEGIE: Para ser bem sincero, você está correto. E fico feliz por saber que capturou finalmente todo o significado do que estou tentando lhe dizer, que o poder do pensamento é uma força irresistível que não tem limitações, exceto aquelas impostas pelo indivíduo, seja por sua falta de compreensão das possibilidades do poder de pensamento, seja pela falta de conhecimento sobre como organizar, apropriar-se desse poder e fornecê-lo.

HILL: E quanto ao homem que adquire grande conhecimento em relação ao pensamento organizado, mas usa seu poder de maneira injusta, para obter vantagem sobre outras pessoas? Não é perigoso ensinar ao homem como se tornar super-homem, considerando que alguns têm grande capacidade para usar a mente, mas carecem de uma noção bem fundamentada de obrigação moral com os outros?

CARNEGIE: Um Criador que tudo sabe proveu para essa circunstância, e prova disso é que o homem que usa seu poder mental para prejudicar ou destruir outras pessoas logo se anula perdendo esse poder, e o Criador também proveu com grande sabedoria para que esse tipo de poder não possa ser transferido de um indivíduo a outro por herança física. É um poder que cada indivíduo deve adquirir por si mesmo, ou não se torna privilegiado para beneficiar-se dele.

Volte na história e examine os registros daqueles que decidiram conquistar o mundo, e observe o que aconteceu com eles. Nero, Alexandre, o Grande, Júlio Cesar, Napoleão Bonaparte e outros de determinação semelhante deram grandes passos em direção à dominação do mundo; mas veja o que aconteceu com eles e com suas realizações. Nenhum alcançou o objetivo, nenhum passou para seus seguidores os meios pelos quais seus ganhos pudessem ser mantidos; mas esses líderes egoístas passaram para seus seguidores uma maldição que dizimou todos os ganhos por eles acumulados.

Aplique o princípio no lugar que escolher, em qualquer período da história, e note que o efeito é o mesmo. Só os ganhos de homens que usaram o poder de sua mente de forma benéfica foram preservados. Estude as conquistas do Nazareno, por exemplo, e observe que, embora tenham sido pouco evidenciadas durante seu tempo de vida, elas sobreviveram e se espalharam durante dezenove séculos, até a influência do cristianismo ser uma força reconhecida hoje em todas as partes do mundo.

Não se preocupe com o homem que usa o poder da mente em detrimento de outras pessoas, porque ele determinou o próprio destino pela natureza de seus feitos. Se não for derrotado antes, ele será derrubado até o fim da vida. A tendência da civilização é ascendente, e embora a linha possa oscilar para cima e para baixo em determinados períodos, ela se move sempre para cima como um todo. Homens sábios reconhecem essa verdade e se adaptam a ela.

HILL: Concordo com o que disse, mas os homens sábios são bem poucos. O mundo parece ser povoado por muitos que não reconhecem as vantagens de se relacionar com os outros de forma prestativa, ou simplesmente negligenciam essa necessidade, convencidos, sem dúvida, de que são espertos o bastante para criar as próprias regras de vida e viver de acordo com elas. O que se deve fazer com ou por essas pessoas? Elas não deveriam ser ensinadas, ou obrigadas a se conformar com as regras do relacionamento decente entre humanos?

CARNEGIE: Sim, elas são forçadas a se conformar, até certo ponto. Praticamente toda lei existente criada pelo homem é evidência do reconhecimento da necessidade de meios de restrição. Se todo mundo entendesse e respeitasse as leis da natureza, as leis feitas pelo homem não seriam necessárias. Mas força não é suficiente para dar aos homens uma compreensão das leis da natureza. Também é preciso educá-los. Por isso você foi escolhido para organizar a Filosofia da Realização Americana. Nessa filosofia, você tem os motivos e os incentivos necessários, na forma de promessa de benefícios individuais, para influenciar pessoas a aplicarem a filosofia de forma voluntária e por sua livre vontade. Esse tipo de esforço é muito superior àquele que é produzido pela força. O homem faz melhor aquilo que deseja fazer.

HILL: Ah, entendo o que quer dizer. É melhor ensinar uma pessoa a se adaptar às regras do relacionamento humano que são benéficas também a outras, além dela mesma, do que forçá-la a isso. É essa a ideia?

CARNEGIE: Exatamente, essa é a ideia. Ao educar crianças, por exemplo, é muito melhor induzi-las a querer fazer alguma coisa do que usar a força. Pais que entendem essa psicologia lidam com os filhos direcionando seus interesses para coisas úteis a eles e não se opondo a outras, em vez de forçá-los a não fazer coisas censuráveis.

De certa forma, os adultos são só crianças pequenas, fazem aquilo que foram influenciados a querer fazer. Também nos ressentimos se somos forçados a fazer ou impedidos de fazer alguma coisa. Essa é uma parte inerente da natureza humana. É uma parte de todo mundo, em todas as idades.

Todo mundo gosta de liberdade para agir por iniciativa própria. Destrua essa liberdade e você retarda o crescimento mental e espiritual do indivíduo. Também é possível dizer que você destrói realizações econômicas e financeiras no momento em que destrói o desejo pela iniciativa pessoal.

É fato reconhecido que o povo dos Estados Unidos desfruta do mais alto padrão de vida conhecido na história do mundo. Com esse fato conhecido, considere também que o povo americano é diferente por sua inclinação natural para se tornar autodeterminante, e que temos mais liberdade pessoal que qualquer outro povo teve. Todo o sistema da livre empreitada, de acordo com o estilo de vida americano, é a abordagem mais próxima que o mundo já conheceu de adaptação ao plano da natureza para o crescimento do homem pelo esforço pessoal.

HILL: Então, pensamento organizado e o privilégio da livre e inalterada iniciativa pessoal são relacionados de maneira próxima, não são?

CARNEGIE: Você entendeu a ideia. Pensamento organizado deve ser seguido por expressão por meio de planos organizados de ação. Não se cresce mental ou espiritualmente só com pensamento passivo. Crescimento é resultado de pensamento expressado por hábitos de ação desenvolvidos de maneira voluntária e definidamente controlados.

HILL: E é por isso que o homem com experiência prática na aplicação de qualquer forma de conhecimento teórico tem mais habilidade que o homem que tem só a teoria, não é?

CARNEGIE: Você acertou na mosca. Habilidade em sua forma mais efetiva se baseia em teoria sólida expressada em formas de ação definidamente organizadas. É por isso que muitos universitários têm que adquirir experiência prática na aplicação do conhecimento obtido por sua escolarização, antes de se tornarem eficientes.

HILL: Você diria, então, que pensamento organizado é uma combinação de informação e ação organizada na expressão do conhecimento?

CARNEGIE: Diria exatamente isso. Conhecimento não tem valor nenhum, a menos e até que seja expresso em termos de ação organizada. Isso explica por que o homem que só tem o "aprendizado de livro" raramente é prático na aplicação do conhecimento obtido apenas pelos livros.

HILL: Mas o aprendizado dos livros é útil, não é?

CARNEGIE: Sim, o aprendizado dos livros é essencial como base para a educação, mas lembre que é só uma base. Uma pessoa educada é alguém que desenvolveu de tal forma a mente por meio de uma combinação de conhecimento e da expressão desse conhecimento que pode reformular qualquer conjunto de circunstâncias para atender aos requisitos de seus desejos. Esse tipo de habilidade consiste em teoria e prática, majoritariamente na última.

Um homem pode ler todos os livros que já foram escritos sobre engenharia, mas não seria capaz de desenhar uma planta e construir uma ponte sem antes combinar esse conhecimento teórico à experiência prática. É claro que ele poderia construir uma ponte somente com a teoria, mas não haveria nenhuma garantia de que ela se sustentaria sob qualquer peso dado. Engenheiros com prática sabem precisamente quanto peso uma ponte vai sustentar, e sabem como supervisionar a construção dessa ponte para que seja confiável.

HILL: Um homem pode se tornar um vendedor competente apenas lendo?

CARNEGIE: O princípio de combinar teoria e prática se aplica da mesma forma às vendas e à construção de pontes, ou qualquer outra coisa. O princípio é fundamental. Portanto, é uma parte essencial do pensamento organizado. Um homem não se torna um advogado capaz, ou dentista, ou médico, simplesmente adquirindo um diploma. Ele se torna capaz aplicando no campo prático da experiência a teoria que aprende na escola, e de nenhum outro jeito. Não há escola equivalente à boa e velha Universidade da Experiência, e essa é uma escola onde não é possível "trapacear". O indivíduo forma-se por mérito, ou não se forma. E o professor é o próprio indivíduo. Quando um homem entra na Universidade da Experiência, está, finalmente, diante de um balcão no qual a mercadoria é marcada de forma clara, e ele é o vendedor e o comprador. Se encontrar a mercadoria que deseja, ele paga o preço que a vida cobra por ela.

HILL: Por tudo que disse sobre o pensamento organizado, concluo que a habilidade nessa arte é desenvolvida primeiro pela coordenação entre as faculdades da mente e do corpo físico, por intermédio de hábitos definidamente controlados, e depois pela coordenação com associados, sob o princípio do MasterMind, para a realização de objetivos definidos.

CARNEGIE: Você chegou bem perto de descrever o *modus operandi* do pensamento organizado, mas deveria ter enfatizado uma coisa que omitiu: a necessidade de ação. Você está correto em afirmar que o pensamento organizado começa pela coordenação entre as faculdades físicas e mentais para expressar pensamento, mas não esqueça que habilidade e perfeição são alcançadas somente por hábitos de ação altamente desenvolvidos e definidamente controlados. Repeti essa ideia muitas e muitas vezes não por duvidar que a tenha compreendido, mas porque sei, pela associação com milhares de homens, quanto tempo é necessário para se tornar consciente sobre a importância desse ponto.

A menos que um homem se torne "atento à ação", ele nunca será um pensador organizado. Pode pensar de manhã até a noite, mas, a menos que ponha seus pensamentos em ação, não será mais que um sonhador. Ele pode criar teorias, mas nunca aprenderá a construir uma ponte ou prestar qualquer tipo de serviço prático. É aqui que muita gente se engana pensando ser um pensador. Ouvi muitos homens dizerem: "Estive pensando em fazer isso ou aquilo, mas ainda não encontrei um jeito para fazer". Então, qual é o problema com esses homens? Excluíram de seu pensamento um fator importante, que é a ação física.

Se você quer fazer alguma coisa, comece exatamente onde está, e comece fazendo – AGORA.

"O que", você pode perguntar, "devo usar como ferramenta? Onde vou conseguir o capital? Quem vai me ajudar?"

E eu respondo que homens que realizam qualquer coisa digna de ser notada sempre começam antes de terem à mão tudo de que precisam. Nunca estive completamente pronto para nada do que comecei, e duvido que alguém tenha estado. Um dos estranhos fenômenos da experiência humana é que o homem que começa, ali onde está, e faz o melhor que pode com os meios que tem logo encontra mais e melhores meios para alcançar seus objetivos. Misteriosamente, as ferramentas aparecem.

Essa história de não estar pronto costuma ser só uma desculpa com a qual se enganar. Você não estava pronto para começar a organizar a primeira filosofia prática do mundo sobre realização individual. Precisava estudar mais. Precisava de um subsídio financeiro para se sustentar durante vinte anos de pesquisa não remunerada. Precisava de idade e maturidade de pensamento, e precisava de experiência prática em muitos campos distintos de realização. Sim, você precisava de todas essas coisas, e muitas outras, antes de apresentar ao mundo uma confiável filosofia de realização. Mas o que fez quando lhe dei a oportunidade de organizar essa filosofia? Eu lhe digo o que fez. Vinte e nove segundos depois de eu ter oferecido essa oportunidade, você a agarrou e começou a trabalhar nela, e aposto minha vida que nada menos que a morte poderia impedi-lo de concluir o trabalho. Homens que começam onde estão quando querem fazer alguma coisa normalmente encontram um jeito de terminar o que começam.

Mantenho um relógio em minha mesa só para marcar o tempo de resposta dos homens a ideias e oportunidades. Esse relógio marcou o destino de centenas de homens a quem dei oportunidades de progresso. O relógio nunca mente. Ele revela exatamente quanto tempo um homem demora para decidir quando tem diante dele todas as informações necessárias para tomar essa decisão. Ele revela com precisão quanta consciência de ação tem um homem. Seu tempo de reação foi vinte e nove segundos. Você ainda tinha trinta e um segundos quando decidiu aceitar a oportunidade que lhe dei. Se tivesse esperado mais trinta e um segundos, teria perdido sua chance, porque, como já disse antes, só lhe permiti sessenta segundos para dizer sim ou não. Tornei os requisitos mais severos no seu caso, de propósito, dando pouco tempo para a decisão. Isso aconteceu por causa da tremenda quantidade de qualidades "aderentes" necessárias ao tipo de tarefa que eu tinha para você. Aprendi por experiência que a resistência de um homem, ou suas qualidades "aderentes", podem ser medidas em proporção direta ao seu tempo de reação para decidir aceitar um trabalho.

HILL: Por seus comentários, concluo que pensamento organizado requer definição de decisão, além de ação.

CARNEGIE: Essa é a ideia. A vida é curta. O tempo voa. Uma parte importante da autodisciplina é desenvolver o hábito de tomar decisões rápidas e definidas sempre, sobre qualquer assunto. O homem que hesita quando tem todas as informações necessárias para tomar uma decisão nunca chegará a lugar nenhum. Será superado por quem pensa mais rápido. Aqui você constata uma das principais diferenças entre homens que encontram o sucesso e homens que fracassam. O homem que chega ao sucesso muitas vezes tem menos habilidade, menos educação, menos experiência que o homem que fracassa, mas tem mais consciência de ação.

HILL: Estou ouvindo o que diz e fico cada vez mais impressionado com o pensamento de que sucesso é mais uma questão de atitude mental correta do que de educação.

CARNEGIE: Isso é exatamente o que eu digo. Nem toda a educação que um homem pode adquirir na vida substitui ação decidida, definida. Se o pensamento não produz esse tipo de ação, pode ter certeza de que não é organizado.

Pensamento organizado é como água em uma represa. Só aquela porção de água que é controlada e dirigida sobre a roda é benéfica. A água que jorra sem rumo por cima da represa não gira rodas, não faz nenhum serviço. Só volta para o mar.

Todo homem tem um reservatório de poder de pensamento, mas muitos permitem que esse poder se dissipe em sonhos desgovernados, sem nunca parar para dominá-lo e direcioná-lo para fins definidos. Como a água em uma represa, ele jorra por cima da barragem, dissipando seu poder sem prestar nenhum serviço.

HILL: Por que tão poucos homens aprendem a dominar e usar seu poder de pensamento? Considerando tudo que disse sobre pensamento organizado, não vejo nenhuma dificuldade nisso, mas deve haver algum motivo fundamental para a maioria das pessoas seguir pela vida em pobreza e miséria, sem usar o poder que daria a elas tudo de que precisam ou desejam.

CARNEGIE: Só há uma razão para isso, e posso colocá-la em poucas palavras: falta de definição de objetivo. Muita gente vaga pela vida aceitando o que consegue tirar dela sem recorrer às forças em sua mente. A falta de um objetivo principal definido é a forma mais mortal de autolimitação. Tem sido anotado claramente, nos registros dos homens, que todo aquele que demanda algo definido encontra meios e maneiras de conseguir o que quer se persistir em suas demandas. Uma parte importante da persistência é a ação – o tipo de ação de que tenho falado; ação para começar; ação para continuar, mesmo quando há dificuldades; ação para recomeçar depois de uma derrota temporária. Ação, ação, ação. Que a palavra fique gravada na sua consciência até se destacar como o sol brilhante em um céu sem nuvens.

O que você é, em que se transforma, o que adquire, tudo isso é resultado de sua ação. Pensamento, educação, conhecimento, habilidade nata, oportunidade, todas são só palavras vazias, a menos que sejam traduzidas em ação. Lembre-se disso e enfatize essa ideia pela filosofia da realização individual. Jamais permita que um estudante dessa filosofia passe por sua influência sem ter a palavra AÇÃO gravada em sua consciência, porque essa é uma das palavras-chave para toda a filosofia.

O homem que lidera toda a organização das vendas de uma das maiores corretoras de seguro de vida é um dos mais jovens da equipe. Ele tem um quarto de tempo a menos que os outros vendedores na companhia; tem menos personalidade que a maioria dos outros vendedores; sabe menos sobre seguro de vida que muitos dos outros, mas ele tem algo que o coloca em primeiro lugar no gráfico de vendas, uma vontade indomável e um turbilhão de ação que os outros não têm.

E é assim que ele expressa sua consciência de ação:

Quando faz uma venda, ele induz o comprador a dar a ele uma lista de outros possíveis compradores de apólices. Muitas vezes, também consegue fazer seus clientes irem pessoalmente apresentá-lo aos amigos. Acho que esse registro superior de vendas se baseia quase, se não completamente, nessa única característica de ação. Ele forma com os clientes uma interminável corrente de esforço cooperativo e tem, com efeito, um grande grupo de homens que o ajudam a vender sem fazer parte de sua folha de pagamento.

HILL: Por que os outros vendedores não tiram proveito do exemplo desse homem e o seguem?

CARNEGIE: Se eu soubesse responder a essa pergunta, mudaria meu nome de Carnegie para Salomão e me estabeleceria como um solucionador dos problemas humanos. Sua pergunta já me ocorreu muitas vezes, não só em relação a esse vendedor de seguro de vida em particular e seus colegas, mas também em relação à minha organização. É fato conhecido que alguns dos meus empregados progrediram a partir dos postos de trabalho mais humildes e se tornaram diretores da empresa. Os métodos pelos quais se promoveram são conhecidos por todo trabalhador. O princípio básico que integrou essas promoções foi o de fazer o esforço extra. No entanto, a porcentagem de homens que escolheram promover-se por meio desse procedimento simples tem sido irrisória.

Na análise final, tudo remete ao princípio da definição de propósito. O vendedor de seguro de vida vende mais apólices que qualquer outro porque quer vender mais. Esse é seu objetivo principal definido, no qual ele trabalha de maneira incessante. Os outros trabalham com menos força de vontade, com menos definição de objetivo. Por que fazem isso é algo que nem eles mesmos conseguem explicar, provavelmente. Apenas não têm o impulso necessário. Seus desejos são menos obsessivos.

HILL: A partir de seus comentários, percebo que autodisciplina é um fator importante para as realizações de um homem.

CARNEGIE: É claro. O vendedor de seguro de vida que lidera toda a equipe se disciplina por meio de hábitos de ação definidos. Ele telefona para clientes enquanto outros vendedores jogam golfe. Vende apólices quando outros vendedores estão dormindo. Tem seu tempo definidamente alocado, e segue o cronograma dessa alocação com severa autodisciplina. Isso é algo que posso lhe dizer, embora nunca tenha visto o homem. E posso revelar outro fato importante relacionado a ele. Esse homem fez do trabalho de vender seguro de vida uma obsessão. Não duvido de que sua mente subconsciente continue vendendo seguro enquanto ele dorme, porque ouvi dizer que uma vez ele levantou da cama tarde da noite e telefonou para um potencial comprador de seguro, pedindo o privilégio de levá-lo a uma convenção à qual, ele sabia, o cliente em potencial queria ir na manhã seguinte. Ele não falou nada sobre vender seguro de vida, mas tinha esse propósito em mente. Fazer um favor ao comprador em potencial era só o primeiro passo de um plano definido para vender uma apólice a ele. Entenda, quando um homem carrega a própria mente com esse tipo de obsessão, sua mente subconsciente apreende a obsessão e o ajuda a traduzi-la em seu equivalente físico ou financeiro.

HILL: Desejo obsessivo, então, também é uma parte importante do pensamento organizado?

CARNEGIE: Sim, uma parte muito importante. Na verdade, é a parte que começa a ação e a mantém em movimento. Um homem não tem dificuldade para fazer aquilo que deseja fazer. O desejo obsessivo vai ao seu socorro em tempos de derrota, em emergências imprevistas, e o ajuda a recomeçar sem perder a confiança em si mesmo. Isso o mantém em movimento quando, de outra forma, ele se renderia ao hábito da procrastinação. Faz seu trabalho deixar de ser um sacrifício.

HILL: E isso nos leva de volta mais uma vez à questão da "atitude mental" baseada em motivo. Desejo obsessivo é uma atitude mental que se pode adquirir se houver um motivo definido para amparar o desejo. É essa a ideia?

CARNEGIE: Você colocou com perfeição. "Atitude mental" representa a soma dos sentimentos emocionais do indivíduo em qualquer momento específico. Por meio da autodisciplina, um homem pode determinar quais de suas emoções terá expressão mais plena e qual delas será modificada, controlada e redirecionada pela transmutação. A atitude mental é controlada por hábitos estabelecidos com base em motivos definidos. Aqui, mais uma vez, entra a questão da ação. Hábitos de controle sobre a atitude mental podem ser estabelecidos apenas pela expressão apropriada das emoções, por meio de ação física.

HILL: Suponha que um homem não tenha ambição e sua imaginação seja fraca. Como ele pode ser induzido a superar essas fraquezas?

CARNEGIE: Em sua pergunta você descreveu, de maneira consciente ou não, a real condição da maioria das pessoas. Falta de ambição está perto do topo da lista de causas de fracasso. Não há esperança de sucesso para essa pessoa até que ela tenha sido inflamada com ambição suficiente para fazê-la querer algo que não tem. Desejo baseado em um motivo definido é, como afirmamos muitas vezes, o começo de todas as realizações. E aqui quero chamar sua atenção para um fato importante que não mencionamos anteriormente: o de que toda pessoa bem-sucedida deve seu sucesso, em grande parte, à influência de alguma outra pessoa que cruzou seu caminho em algum lugar, de algum jeito.

Vamos olhar seu caso, por exemplo. Você veio me entrevistar com o objetivo de escrever um artigo sobre minhas realizações pessoais. Antes de concluir a entrevista, eu o influenciei a mudar todo o seu plano de vida, desistir da meta de se tornar advogado, e dar ao mundo uma filosofia prática de realização individual.

De maneira parecida, todo homem bem-sucedido sofre a influência de alguma outra pessoa que incendeia sua imaginação com uma ideia que se torna obsessiva para ele. Às vezes a fonte dessa inspiração externa é acessada por controle remoto, por meio da leitura de um livro. Mas sempre tem um ponto de transformação na vida de cada pessoa bem-sucedida que marca o lugar onde ela sofreu a influência de outra mente, que a inspirou com metas mais elevadas e objetivos mais nobres.

Muito frequentemente, homens bem-sucedidos perdem de vista a fonte original de sua inspiração, e não é incomum que a esqueçam de maneira conveniente por preferirem fazer o mundo acreditar que suas realizações se devem inteiramente a eles mesmos.

HILL: Esse é um pensamento inteiramente novo, mas posso ver que é sólido. Então uma parte importante do pensamento organizado consiste em esforços deliberados do indivíduo para associar-se a quem é capaz de inspirá-lo com metas mais elevadas e nobres?

CARNEGIE: Sim, e devo acrescentar que o homem sábio nunca perde tempo com ninguém de quem não possa ter benefícios ou com quem não possa contribuir com alguma coisa importante de algum jeito. Associações pessoais são importantes, porque todo mundo adquire alguma coisa com a filosofia, a personalidade e a atitude mental daqueles com quem se associa de forma mais próxima. Como afirmei, há uma lei da natureza que controla isso.

HILL: Pela mesma regra, muitas das qualidades destrutivas de um homem, como uma atitude mental negativa, são adquiridas por associação com outras pessoas?

CARNEGIE: Sim, é verdade. Nunca ouvi falar de um jovem envolvido em algum problema sério que não tenha sido consequência de sua associação com companhias indesejáveis. Associações humanas são muito mais responsáveis pelo sucesso ou fracasso na vida do que muita gente acredita. Nenhuma pessoa sábia formaria amizades próximas com pessoas de mente negativa, como não beberia água de um poço que sabe estar contaminado. Características humanas são contagiosas, tanto as boas quanto as ruins.

HILL: Quando expande essa questão do pensamento organizado, parece não haver fim para as condições e circunstâncias que a integram.

CARNEGIE: Isso é verdade. As condições que influenciam o pensamento organizado são, de fato, tão numerosas quanto os acontecimentos que integram toda interação humana. Toda palavra que um homem fala, toda palavra dita em sua presença, todo pensamento que passa por sua cabeça, tudo isso modifica seus hábitos mentais de um jeito ou de outro. Naturalmente, se um homem se envolve em relacionamentos com pessoas que o inspiram a ter pensamentos nobres e se dedicar a ações elogiáveis, ele se beneficia melhorando a natureza dos próprios pensamentos. O contrário também é verdade, se por descuido ou indiferença ele se permite aceitar a companhia de pessoas de mente negativa.

HILL: Então você não diria que é egoísmo um homem se recusar a conviver com pessoas de quem não possa extrair algum tipo de benefício, ou com quem não possa contribuir com alguma coisa importante?

CARNEGIE: Poderíamos chamar de egoísmo, mas é uma forma justificável de egoísmo. Não importa que nome se dá, isso é essencial para o sucesso por meio do pensamento organizado. Um homem não hesita em escolher o melhor alimento possível para seu corpo físico, mesmo sabendo que há pessoas necessitadas até da comida mais básica. Por que, então, deveria ele ser menos cuidadoso com o alimento da mente? E não se engane: toda influência que um homem sofre por sua associação com outras pessoas é alimento para sua mente. Já vi mendigos pegando comida descartada em latas de lixo, mas também vi homens que não eram mendigos pegando da mente de seus associados "alimento mental" que era mais prejudicial a seu bem-estar que comida encontrada no lixo. Não é uma comparação bonita, mas é certeira.

HILL: Quando fala de associados, refere-se a relações comerciais ou sociais?

CARNEGIE: Refiro-me a qualquer pessoa com quem um homem mantém interação amistosa. Relacionados em ordem de importância do ponto de vista da influência que os associados de um homem têm sobre ele, eu diria que a família vem em primeiro lugar, depois os associados comerciais ou profissionais, depois os amigos, e por último os conhecidos. Nenhum relacionamento é tão importante quanto o familiar. É aí que muitos homens são construídos ou destruídos, de acordo com a natureza dos relacionamentos que têm em casa. Esse relacionamento exerce uma poderosa influência na vida de um homem, e ele começa no nascimento e continua por toda a vida. O velho ditado sobre um homem poder ser construído ou destruído pela influência da esposa é verdadeiro em todos os casos, exceto alguns raros em que o homem é forte o bastante para resistir à influência de uma esposa negativa. Por outro lado, uma esposa astuta pode inspirar, e frequentemente inspira, o marido a desejar mais e conquistar o objeto desse desejo. Afortunado, de fato, é o homem que escolhe uma esposa cuja influência sobre ele seja inspiradora e construtiva.

HILL: É claro que não deixou intencionalmente de mencionar os associados de MasterMind de um homem como um fator importante em suas realizações comerciais ou profissionais. Eles não viriam antes de todas as outras influências?

CARNEGIE: Com relação às realizações comerciais, sim. Mas se você se refere ao sucesso de um homem como um todo, ainda digo que os relacionamentos familiares vêm em primeiro lugar, porque é na família que um homem tem seus relacionamentos mais íntimos, e são eles que asseguram ou perturbam sua paz de espírito. O relacionamento ideal, é claro, é aquele em que a esposa de um homem (se ele for casado) se torna também um membro de sua aliança de MasterMind. Ela pode não participar das reuniões de negócios que ele tem com outros membros de sua aliança, mas pode ter muito a ver com a "atitude mental" que ele tem ao entrar nessas reuniões, e assim exercer poderosa influência no grupo que o afeta.

HILL: Você enfatiza a importância de conhecer bem seus aliados de MasterMind. Segue a teoria, suponho, de que um inimigo reconhecido é um inimigo parcialmente controlado?

CARNEGIE: Sim, e você pode acrescentar que, se alguém sabe muito sobre seus inimigos, tem uma boa chance de conseguir transformá-los em amigos. O hábito de subestimar inimigos ou concorrentes sempre custa caro. Ninguém que tenha o pensamento organizado se permite cometer esses erros custosos. O pensador organizado aceita como grão tudo que cai em seu moinho, mas toma cuidado para separar o joio do trigo no processo de moagem. O joio pode ser bem útil, se for reconhecido e classificado.

HILL: Você está sorrindo. O que isso significa?

CARNEGIE: Bem, vou lhe dar um exemplo. Uma vez tive um associado comercial muito próximo cuja vida doméstica ficou perigosamente perturbada pelo interesse dele em outra mulher. A esposa desse homem me procurou para contar a história e pedir minha ajuda para acabar com o romance. Passei imediatamente a trabalhar nisso, não vigiando o caso romântico de meu associado, mas lidando indiretamente com a mulher envolvida nele.

Em um mês eu a convenci de quanto tudo aquilo era impróprio e do prejuízo que ela causaria ao meu associado se não se afastasse dele. Não posso contar os detalhes, mas é suficiente dizer que o relacionamento doméstico de meu associado foi satisfatoriamente recuperado, poupando, assim, muita gente do constrangimento. Se eu tivesse ignorado os fatos quando foram levados à minha atenção, teria perdido um associado competente, e a esposa dele teria perdido um bom marido. Usando o senso comum e trabalhando juntos, dentro do princípio do pensamento organizado, a esposa dele e eu evitamos o que de outra forma teria sido uma tragédia.

HILL: Ah! Entendo o que quer dizer. Pensamento organizado requer que um homem se afaste de sua rotina regular quando emergências, como essa que acabou de relatar, ameaçam interferir na realização de seu objetivo na vida. É essa a ideia?

CARNEGIE: Exatamente. Não era minha responsabilidade interferir na vida privada de meu associado comercial, mas era meu privilégio interferir, e agi com base nesse privilégio para defender os interesses de todos os envolvidos.

HILL: Suponhamos que seu esforço para lidar com a mulher envolvida nesse caso não fosse bem-sucedido. Teria desistido do assunto?

CARNEGIE: O pensador organizado nunca desiste de nada que começa até ter esgotado todos os esforços para concluir o que começou, e você pode acrescentar essa característica à lista do que é essencial ao pensamento organizado. Não, se a primeira tentativa tivesse falhado, eu teria tentado outro plano, e mais um. Como último recurso, teria encerrado minha associação com esse homem até ele entender o erro em sua conduta, e depois teria feito uma nova aliança com ele. Todo problema tem algum tipo de solução, embora nem sempre seja a solução desejada. O problema com as pessoas que não organizam seu pensamento é que desistem quando encontram oposição. Desistir nunca resolveu problema nenhum.

HILL: A persistência, então, também é um fator importante no pensamento organizado?

CARNEGIE: Sim, de fato. Na verdade, "persistência" é uma palavra-chave em todas as formas de realização individual. Sem ela, ninguém chega muito longe em nenhuma empreitada. A persistência existe ao lado da ação. As duas são inseparáveis.

HILL: Como se pode adquirir persistência?

CARNEGIE: Desenvolvendo a força de vontade. Persistência não é simplesmente vontade indomável, está mais para um motivo definido que inspira a ação. Junte estes três fatores, motivo, ação e força de vontade, e o resultado é o que chamamos de persistência.

HILL: Suponho que se desenvolve a força de vontade da mesma maneira que se expressa um desejo definido, ou motivo, em termos de ação.

CARNEGIE: Sim, a força de vontade só responde ao motivo, mas se torna mais forte à medida que é mais usada. Quando um homem se apodera de sua força de vontade, tem todas as outras faculdades da mente sob seu controle, porque é o chefe de todas elas.

HILL: Então, não é possível se tornar um pensador organizado sem obter controle sobre a força de vontade. É isso?

CARNEGIE: Precisamente. E não esqueça que a vontade responde a hábitos controlados, baseados em motivos definidos, que é o mesmo que dizer que o jeito de obter controle sobre a mente é desenvolvendo hábitos de ação que estejam relacionados ao exercício da vontade.

HILL: Obrigado por explicar com tantos detalhes os elementos e a importância do pensamento organizado.

Todo estudante dessa filosofia deveria ter a palavra AÇÃO *gravada na consciência, porque ela é uma das palavras-chave de toda a filosofia.*

— ANDREW CARNEGIE

Se você não consegue obter aquilo que quer, pode mudar seus desejos e querer algo que pode conseguir.
Se você quer conhecer o "motivo" que inspira alguém a concentrar a mente em um objetivo definido, observe as ações das pessoas que estão apaixonadas.
Desejo obsessivo, baseado em emoção intensa, é a origem de toda genialidade.

CAPÍTULO 3
Atenção controlada

Escondido nessas duas palavras há um poder estranho que é suficiente para remover todas as limitações comuns autoimpostas que as pessoas aceitam, e pelas quais são restritas durante toda a vida.

O poder é literalmente uma "dinamite mental", e é capaz de explodir a causa das limitações autoimpostas e dar ao indivíduo meios para assumir o comando da própria mente.

Quando dominar este capítulo, você entenderá mais plenamente por que é necessário ter um objetivo principal definido a fim de chegar ao sucesso. Você também saberá por que o objetivo definido deve ser anotado, memorizado e repetido sempre. Entenderá por que a "atitude mental" tem papel tão importante na realização do principal objetivo do indivíduo, ou de qualquer objetivo menor.

A questão da atenção controlada é a base de muitas seitas e religiões, embora possa ser chamada por outros nomes. Ela tem sido uma arma importante dos líderes militares, e alguns nem sempre a usaram de maneira construtiva.

Neste capítulo teremos uma compreensão melhor do princípio do MasterMind, cujos resultados têm espantado homens da ciência e leigos que testemunharam suas operações.

A aliança de duas ou mais mentes trabalhando em perfeita harmonia pela realização de um objetivo definido tem o efeito de estimular a mente de cada pessoa na aliança e fornece aos membros da aliança, ou a algum indivíduo no grupo, uma fonte de conhecimento que às vezes não pode ser atribuída ao conhecimento acumulado de nenhum dos indivíduos.

Esse resultado nós conhecemos, porque ele é um resultado que está surgindo nos laboratórios de pesquisa e nos conselhos do comércio e da indústria no mundo todo, quase como uma rotina diária. Vemos, a todo momento, evidências de que essa combinação de mentes dá aos homens visão, coragem, imaginação e iniciativa que eles não têm quando agem sozinhos e de maneira independente, e sabemos que esse poder está disponível até para os homens cujo objetivo declarado é a destruição do melhor que a civilização deu ao mundo.

Andrew Carnegie incluiu a atenção controlada como um dos princípios da realização individual, mas até o grande mestre do aço falhou ao associar esse princípio aos meios pelos quais a civilização pode progredir. Carnegie viu nele um poder que é adaptável às necessidades do indivíduo na solução de problemas econômicos e pessoais de natureza material, mas não mencionou suas possibilidades além desse ponto.

Carnegie reconheceu prontamente que sua imensa fortuna foi acumulada apenas pelos esforços de uma combinação de mentes que consistia em vinte homens a ele aliados em um grupo de MasterMind, cujo objetivo era produzir e comercializar aço. Ele adquiriu a técnica necessária para induzir esses homens a trabalhar com ele em um espírito de harmonia. Sabia que visão criativa, imaginação, iniciativa e inspiração produzidas por sua aliança de MasterMind eram grandes, mas não tentou explicar a origem do superpoder que davam a ele.

Desde que Carnegie chamou minha atenção para esse princípio, transcorreu mais de um quarto de século de intensa pesquisa sobre as causas de seu poder. A mente de milhares de pessoas foi estudada, suas reações a estímulos de pensamento foram examinadas e foram tiradas conclusões que podem ser da maior importância para as futuras gerações na questão do ajuste das relações humanas.

Acompanhe-me agora para uma breve aula básica sobre química orgânica, porque é nela que encontraremos a primeira pista convincente do que acontece quando duas ou mais mentes se unem, em espírito de harmonia, para a realização de um objetivo único.

Em química, aprendemos que dois ou mais elementos de natureza inteiramente diferente podem ser combinados para produzir algo diferente deles. Por exemplo, água, conhecida em química como H_2O, é um composto que consiste em duas partes de hidrogênio e um átomo de oxigênio, mas o resultado não é hidrogênio nem oxigênio. Esse casamento de elementos fornece um produto inteiramente novo.

Também aprendemos em química que certas drogas inofensivas podem ser associadas para criar um veneno mortal, enquanto outras combinações de drogas associadas ao veneno neutralizam seu efeito tóxico.

Vemos na natureza que todo átomo de matéria e cada unidade de energia são definitivamente modificados por seus associados mais próximos. A vegetação, as coisas que crescem do chão, tudo é definitivamente modificado pelos elementos do solo no qual se alimenta, fato bem conhecido por todo agricultor ou horticultor. Sim, os átomos da matéria são influenciados pela presença de seus "vizinhos", como as pessoas. O mundo em que vivemos e a porção material do universo que podemos observar são feitos de elétrons, que, em última análise, consistem em unidades positivas e negativas de energia arranjadas de tal forma que as duas forças se equilibram e são praticamente inseparáveis por qualquer método conhecido pela ciência.

A porção material do universo consiste, até onde a ciência foi capaz de determinar, em apenas duas coisas: energia e matéria. E parece, se quisermos ser estritamente técnicos na exposição dos fatos, que a chamada porção material do universo não é mais que energia, já que, obviamente, os elétrons de matéria são conhecidos como nada mais que duas formas opostas de energia, uma "empurrando" e a outra "puxando", de forma a neutralizar sua energia combinada.

Usando a dica da química da matéria, vamos agora passar à análise do poder de pensamento. Pensamento é energia, é claro, e a partir de tudo que a ciência aprendeu sobre ele, ou sua causa, pode ser precisamente o mesmo tipo de energia que mantém juntas as forças oponentes do elétron. Se isso é verdade, então é claro que a energia do pensamento responde às mesmas influências modificadoras que alteram a natureza dos elementos da matéria, e uma delas, como vimos, é a maneira como os átomos da matéria são combinados.

Há dois fatos de que temos certeza. Primeiro, que a natureza da matéria pode ser modificada pela combinação de elementos de outra matéria, e segundo, que a natureza do pensamento pode ser modificada e alterada pela aliança de duas ou mais mentes, e isso independe da natureza da aliança ou do objetivo pelo qual ela é formada. Esses fatos são tão conhecidos, até pelos leigos, que são prontamente aceitos.

Sabemos que há certos tipos de mente que, quando entram em contato por qualquer tipo de interação, tornam-se definitivamente antagônicas entre elas. Nessa circunstância encontramos uma hipótese razoável para a crença de que a química do cérebro e a química da matéria em outros campos são a mesma; de que a mesma lei da natureza que modifica inofensivos elementos químicos em veneno mortal pelo mero ato de combiná-los altera também as vibrações de pensamento, quando misturadas em certas combinações, para gerar uma influência antagonista.

Em outras palavras, existem certos tipos de combinações de energia do pensamento que "brigam" no momento em que entram em contato. Esse fato é demonstrável não somente no relacionamento entre dois indivíduos; também pode ser visto no funcionamento de uma mente individual, porque é sabido que há tipos de pensamento que se "repelem" assim que entram em contato. A emoção do medo e a emoção da fé, por exemplo, são tão hostis entre elas que não podem ocupar o cérebro ao mesmo tempo. Uma ou outra deve dominar, e sempre domina. Há certos meios pelos quais um indivíduo pode determinar qual dessas duas emoções, ou qualquer outra, vai dominar seu cérebro, e um dos mais importantes desses métodos é a atenção controlada.

Como parte dessa descrição, devo agora chamar atenção para uma lei da natureza pela qual semelhantes se atraem. Às vezes a chamamos de lei da atração harmoniosa. Por ação dela, coisas que são adequadas umas às outras, no grande esquema da vida, têm uma tendência natural a se unir.

Vemos essa lei em ação na vegetação que cresce do solo. Por algum processo estranho e desconhecido, essa lei consegue juntar os elementos químicos do solo e combiná-los com as unidades de energia dos elementos do ar de forma a produzir coisas vivas que crescem do chão. Aqui não há antagonismo, não tem "briga" entre os elementos da matéria ou as unidades de energia. Eles fazem seu trabalho em resposta à lei da atração harmoniosa, sem oposição entre eles.

Quando analisamos o relacionamento entre os homens, descobrimos outra situação na qual a lei da atração harmoniosa é muitas vezes desconsiderada e forças hostis de energia de pensamento rompem relações de harmonia. Às vezes isso acontece por causa da ignorância do homem sobre a lei da atração harmoniosa; às vezes é resultado da substituição deliberada pelo homem de pensamentos negativos, que são conhecidos por destruírem a influência da lei da atração harmoniosa.

A pessoa que dominou essa filosofia e formou o hábito de aplicá-la em todos os seus relacionamentos com outras pessoas é beneficiada pela lei da atração harmoniosa. Ela condicionou o cérebro para atrair apenas pessoas e coisas materiais que deseja. Agora, vejamos como é o processo de condicionar o cérebro para capacitá-lo a se adaptar à influência da lei da atração harmoniosa, a saber:

1. **DEFINIÇÃO DE OBJETIVO:** ele decide precisamente o que quer, cria um plano para obter o que quer e depois se concentra na principal porção de seus pensamentos e ações para esse fim, seguindo seus pensamentos com a apropriada ação física. Aqui, então, entra o princípio da atenção controlada, e não vamos ignorar o fato de que ela concede ao indivíduo o benefício da lei da atração harmoniosa de duas maneiras distintas. Primeiro, atrai as forças de uma atitude mental positiva que cria harmonia em sua mente. Segundo, atrai pessoas e coisas materiais que harmonizam com a natureza de seu objetivo.

Por meio da atenção controlada, e só por esse método, é possível gravar a natureza de seus desejos, propósitos e planos na mente subconsciente, onde a lei da atração harmoniosa surge para fazer contato com eles.

2. **O MASTERMIND:** depois de ter dado o primeiro passo no desenvolvimento do hábito da atenção controlada pela adoção de um objetivo principal definido, ele deve formar uma aliança de MasterMind com pessoas que tenham as necessárias experiências, educação, habilidade nata, e a quem tenha sido fornecido o necessário motivo, para ajudar a alcançar seu principal objetivo.

Esse relacionamento de MasterMind intensifica a aplicação do princípio da atenção controlada, porque a aliança cria uma poderosa "psicologia de massa" que dá ao indivíduo elevada autossuficiência, imaginação, entusiasmo, iniciativa e a vontade de vencer. Um homem avança na direção de seu objetivo principal definido quando se associa a outros que o ajudam e incentivam, enquanto estaria propenso a ir mais devagar e desviar a atenção do principal objetivo se trabalhasse sozinho.

A aliança de MasterMind, quando é incentivada e ativamente engajada na realização de algum objetivo definido, é uma atenção controlada em sua forma mais elevada. Essa aliança lembra continuamente ao indivíduo seu objetivo na vida, particularmente quando ele é associado diariamente aos membros de seu grupo de MasterMind, como são os líderes de organizações industriais e comerciais.

3. **FÉ APLICADA:** o homem que adotou um objetivo principal definido, caso tenha se cercado de um grupo de pessoas em uma aliança de MasterMind e esteja ativamente engajado para realizar o objetivo dessa aliança, demonstra fé em sua habilidade de alcançá-lo. Portanto, o elemento da fé entra na aplicação do princípio da atenção controlada, intensificando assim ainda mais seu poder de concentração.

Quando esse terceiro passo for dado no desenvolvimento da atenção controlada, a atitude mental do indivíduo terá se tornado predominantemente positiva; muitas das limitações autoimpostas de dúvida, desânimo e falta de autoconfiança terão desaparecido; o indivíduo se move com definição em tudo que faz; não sobra espaço em sua mente para pensamentos de fracasso; ele está tão ocupado em realizar seu principal objetivo que não tem tempo para hesitar ou procrastinar; além do mais, não quer nada disso.

O terceiro passo no desenvolvimento da atenção controlada seria suficiente para garantir o sucesso, na maioria dos casos, mas o mestre dessa filosofia não para por aí. Ele continua e "congela" os ganhos que teve dando o quarto passo:

4. **FAZER O ESFORÇO EXTRA:** a aplicação desse princípio garante ação contínua. Põe em prática o princípio de aumentar os retornos pelos quais os esforços do indivíduo são muito multiplicados. Cria um impulso a mais por trás dos esforços do indivíduo, que o inspira e aos seus associados de MasterMind, bem como a outros que estão relacionados ao seu objetivo principal definido. Também serve para modificar sua atitude mental, tornando-a mais positiva. Talvez não traga benefícios materiais diretos toda vez que for aplicado, mas esse princípio tem o efeito geral de criar boa vontade e atrair a cooperação de outras pessoas em um espírito de amizade. Portanto, serve para alimentar o fogo da atenção controlada.

Mas isso não é o fim. O mestre dessa filosofia assegura ainda mais o sucesso na obtenção de seu objetivo principal definido dando o quinto passo no desenvolvimento do hábito da atenção controlada:

5. **ESFORÇO INDIVIDUAL ORGANIZADO:** pela aplicação desse princípio, o indivíduo organiza seus planos, depois, com a ajuda de seus aliados de MasterMind, analisa-os, testa e garante que são bons. A essa altura, ele estabeleceu uma boa razão para sua fé; portanto, ele se move com uma segurança que

praticamente desafia qualquer oposição. Ele não é mais retido por indecisão e dúvida. Sabe com precisão o que quer e está ativamente envolvido na realização de seus planos, apoiado e auxiliado por aliados de MasterMind em quem tem confiança e que, por sua vez, o inspiram com mais confiança em si mesmo e em seus planos. Mas ele não para por aí. Dá o sexto passo na consolidação de seus planos aplicando outro importante princípio dessa filosofia:

6. **AUTODISCIPLINA**: por meio desse princípio as emoções são controladas. O indivíduo não dissipa mais suas energias, nem pela indulgência excessiva de suas emoções positivas, nem pela expressão de suas emoções negativas. A mente começa a fluir como uma máquina perfeita, sem perda de movimento nem dissipação de energia. Ele desenvolveu a arte da transmutação de suas emoções; assim, suas emoções negativas (se e quando se apresentam à mente) são convertidas em ação positiva.

Ele começou a adquirir total controle sobre sua força de vontade, e com sua ajuda todos os departamentos da mente são controlados e postos para trabalhar de maneira construtiva. Ele se aproxima do auge da eficiência na arte da atenção controlada. Desse ponto em diante, tem tudo sob controle, mas ainda há outros passos a serem dados para dar os toques finais na consolidação de seus ganhos sobre si mesmo e sobre as circunstâncias de sua vida que afetam a realização de seu objetivo principal definido. Movendo-se agora com mais agilidade, por conta dos ganhos obtidos com os seis passos dados, ele dá o sétimo passo:

7. **VISÃO CRIATIVA**: dados os seis passos anteriores, a faculdade da imaginação terá se tornado tão aguçada e alerta que começa a funcionar automaticamente, consolidando ainda mais os esforços do indivíduo para desenvolver o hábito da atenção controlada. A essa altura, a mente subconsciente terá entrado em ação por conta própria e terá começado a se expressar por meio de planos e ideias que aparecerão na forma de "pressentimentos". Novas oportunidades começarão a surgir misteriosamente, e inesperadas formas de cooperação de terceiros começarão a se apresentar. Tudo o que ele toca parece se tornar uma ferramenta para a promoção de seu objetivo principal definido. Até a lei do acaso parece funcionar a seu favor. Os amigos passarão a falar dele como alguém abençoado pela "sorte". Mas não deixe ninguém se enganar com isso. Por trás dessas circunstâncias favoráveis, o que vai aparecer vindo de todas as direções é uma causa definida, e o mestre dessa filosofia vai entender que essa "causa" pode ser explicada pela aplicação dos sete princípios aqui mencionados.

Mas a pessoa que dominou toda essa filosofia não estará satisfeita a ponto de encerrar seus esforços por aqui. Vai seguir em frente para consolidar seus ganhos no desenvolvimento da atenção controlada dando o oitavo passo:

8. **PENSAMENTO ORGANIZADO:** muito antes de chegar a esse ponto, o mestre dessa filosofia terá parado de "supor" e terá formado o hábito de construir planos baseados em fatos conhecidos, ou hipóteses razoáveis dos fatos. Na verdade, ele terá começado, no mesmo instante da adoção de um objetivo principal definido, a organizar seu pensamento.

Não se deve presumir de maneira alguma que ele vai esperar até ter dado o oitavo passo no desenvolvimento da atenção controlada para aplicar o princípio do pensamento organizado. Nesse ponto, porém, esse princípio terá se tornado obviamente uma necessidade no desenvolvimento do hábito da atenção controlada. Lembre-se, agora estamos falando sobre o hábito da atenção controlada, cuja base deve ser criada pela aplicação do pensamento organizado, a começar pela adoção de um objetivo principal definido.

9. **APRENDER COM A DERROTA:** a essa altura, o estudante dessa filosofia terá adquirido o hábito de converter toda a experiência de sua vida em algum benefício definido. A derrota terá se tornado apenas um sinal para esforço maior e mais determinado. Ele terá adquirido o hábito de procurar a "semente de um benefício equivalente" a ser encontrada em todas as formas de derrota. Derrota, portanto, vai se tornar uma forma de combustível útil com que ele alimenta o fogo de sua força de vontade. Ele não só transformará as derrotas atuais em um impulso para maior esforço, mas também terá adquirido o hábito de voltar às lembranças e se beneficiar de todas as derrotas anteriores. Isso é algo que vai conseguir fazendo um inventário retroativo de si mesmo em intervalos de alguns meses, capacitando-se, assim, para analisar a derrota a partir de seus resultados, permitindo-se percorrer o lapso de tempo suficiente para remover o incômodo da experiência.

A essa altura, o mestre dessa filosofia terá se tornado literalmente um "gigante" de poder, comparado à sua versão anterior, e não restará espaço em seu cérebro para o surgimento de medo, desânimo, preocupação ou autolimitações de qualquer outra natureza. Ele saberá o que quer e para onde vai, e reconhecerá que está a caminho de seu destino. A estrada diante dele será clara, e embora possa ter muitas curvas além das quais não consiga enxergar, ele saberá que, quando as alcançar, a estrada continuará em frente rumo ao seu destino. Esse é um sentimento glorioso, como pode atestar cada pessoa que viveu realização digna de nota.

Depois de aprender a arte de transformar derrota em um estímulo para maior esforço, o estudante dessa filosofia passa para o décimo passo no desenvolvimento da atenção controlada:

10. **INSPIRAÇÃO:** os ganhos obtidos pela aplicação dos nove princípios aqui descritos levam ao desenvolvimento do hábito do entusiasmo, a ação que

produz aquela qualidade que inspira o indivíduo a tomar a iniciativa em vez de esperar que alguém diga o que ele deve fazer. O sentimento inspirado de entusiasmo tira do trabalho a característica de sacrifício e transforma a ação física do indivíduo em uma experiência agradável, simplificando dessa forma o desenvolvimento da atenção controlada. Entusiasmo relacionado a qualquer plano, objetivo ou motivo leva automaticamente à concentração da atenção naquele assunto. Pelo princípio da inspiração, os pensamentos dominantes na mente de um indivíduo são rapidamente impostos à mente subconsciente, onde servem de base para ação; assim, a pessoa cuja mente é dominada por entusiasmo tem o apoio direto daquilo que se presume ser o elo entre a mente consciente e a Inteligência Infinita. A essa altura ele alcançou um alto grau de eficiência na aplicação da atenção controlada.

Enquanto isso, o mestre dessa filosofia terá acrescentado impulso aos seus esforços, em apoio aos dez princípios aqui descritos, pela aplicação do décimo primeiro princípio, pelo qual dará o próximo passo no desenvolvimento do hábito da atenção controlada:

11. **PERSONALIDADE ATRAENTE:** embora isso seja mencionado como o décimo primeiro passo no desenvolvimento do hábito da atenção controlada, o estudante terá começado a aplicar esse princípio imediatamente depois da adoção de um objetivo principal definido. Pela aplicação das qualidades de uma personalidade atraente, ele terá removido grande parte da oposição exercida por outras pessoas e terá atraído a cooperação amistosa de muitos aliados, além daqueles a ele associados em seu grupo de MasterMind. Ele também terá melhorado a própria atitude mental, preparando dessa maneira o caminho para o desenvolvimento de qualquer hábito desejado, inclusive o hábito da atenção controlada.

É óbvio, portanto, que atenção controlada é o resultado da aplicação de todos os princípios aqui mencionados, e não uma questão de acaso. É óbvio também que o método pelo qual o hábito da atenção controlada é desenvolvido não envolve esforço além da capacidade da pessoa comum; não pede treinamento ou educação especial além do que é aqui mencionado; é uma qualidade do sucesso que está ao alcance da pessoa de capacidade mediana; seu desenvolvimento não requer quantidade não razoável de sacrifício ou trabalho, sendo os maiores requisitos a vontade de vencer e a disponibilidade para pagar o preço da realização em termos de aplicação honesta.

Tendo dominado esses onze princípios por meio de uso e aplicação sistemáticos, o estudante dessa filosofia se descobre impelido adiante para o décimo segundo e último passo no desenvolvimento do hábito da atenção controlada. Ao dominar os onze princípios, ele desenvolveu automaticamente o décimo segundo, e aí está. Ele se descobre senhor de si mesmo, o "mestre de seu destino, o capitão de sua alma".

Embora tenham sido considerados somente doze passos dessa filosofia, a pessoa que os dominou está agora de posse da própria mente. Sabe o que quer. Tem um plano para alcançar o que quer. Cercou-se de auxiliares confiáveis para a obtenção de seu objetivo principal definido. Essa pessoa sente a excitação do poder pessoal. Tem a necessária autodisciplina que a capacita a usar esse poder com sabedoria; não, ela não tem vontade de usá-lo de outra maneira que não seja construtiva, para beneficiar a todos que influencia.

Esse indivíduo se tornou uma grande unidade do estilo de vida americano, e como tal conferiu a si mesmo imunidade contra as forças sutis que buscam destruir a forma americana de autodeterminação e liberdade pessoal. Ele aprendeu como suprir suas necessidades sem prejudicar outras pessoas. Não quer mais alguma coisa em troca de nada. Porque aprendeu um jeito melhor de suprir suas necessidades. Encontrou paz e harmonia dentro da própria mente. Aprendeu a aceitar as circunstâncias de vida como as encontra e tirar delas o melhor que puder. Desenvolveu a arte da negociação pacífica e harmoniosa com outras pessoas, e por ela se relaciona de um jeito que funciona para o bem de todos.

Vamos agora dar atenção a outra qualidade da atenção controlada, que sugere o caminho para o poder pessoal por meio de uma combinação de princípios.

Como mencionei, existe uma química pela qual o poder mental individual é modificado pela influência da mente de outras pessoas. Esse fato é óbvio até para o leigo que não se dedicou a estudar a matéria dos fenômenos mentais ou personalidades.

Também vimos que, no campo da química orgânica, certos elementos inofensivos podem ser combinados para criar um veneno mortal. A partir dessas observações, podemos presumir com segurança que tudo, desde o átomo individual da matéria até o ser humano, é modificado ou alterado de alguma forma pela presença de outras coisas.

Sabendo que esses fatos são assim, não devemos ter dificuldade para concluir que a presença na mente de uma combinação de pensamentos pode convertê-los em um poder que não pode ser comparado a nenhum pensamento individual e que pode ser maior que todos eles juntos.

Por exemplo, sabemos, por observação e experiência, que os seguintes princípios, quando reunidos na mente por meio de uma combinação de pensamentos, podem produzir poder mental que beira o "milagroso":

a. Definição de objetivo

b. Autodisciplina por meio do controle das emoções

c. Atenção controlada

d. Autossugestão aplicada ao objetivo do indivíduo
e. Força de vontade ativamente engajada

Essa é uma combinação de princípios capaz de produzir poder suficiente para a solução de quase qualquer problema que se encontre. O poder vem da combinação, não de nenhum princípio único. Vejamos como os princípios são aplicados para produzir poder:

Digamos que um homem está diante de um dos mais comuns dos problemas, a necessidade de levantar certa quantia para algum propósito específico dentro de um prazo determinado. Há duas maneiras principais de lidar com o problema: primeiro, preocupando-se com ele, mas não fazendo nada para levantar o dinheiro. Essa é a maneira habitual de lidar com problemas desse tipo. Segundo, combinando os cinco princípios aqui mencionados e indo atrás do dinheiro com força total.

O valor necessário é conhecido, e a decisão de consegui-lo foi tomada. Isso é definição de objetivo.

A mente é posta para trabalhar (por meio da faculdade da imaginação) para adquirir o dinheiro, excluindo todos os outros problemas. Isso é atenção controlada.

A mente é limpa de todo medo e dúvida quanto à obtenção do dinheiro. Isso é autodisciplina. O controle da emoção do medo prepara então a mente para o exercício da fé.

A mente é posta para trabalhar (por meio da faculdade da imaginação) na criação de alguma coisa de valor equivalente que será dada em troca do dinheiro, ou por seu uso temporário, e é mantida nesse trabalho até produzir uma ideia específica. Isso é autossugestão.

A mente recebe repetidas sugestões de que o valor desejado será obtido, sejam quais forem o custo ou as condições a serem cumpridas, e lá permanece, estável, determinada, persistente. Isso é força de vontade em ação.

> *A mente de Lincoln era como um pedaço de aço; era muito difícil enfiar nela qualquer tipo de impressão e, depois de impressionada, muito difícil tirar dela a ideia gravada.*

Quando esses cinco princípios são combinados e aplicados da maneira descrita, com variações para adequá-los a cada circunstância diferente, a mente subconsciente trabalha e cria um plano – às vezes uma variedade de planos – pelo qual o dinheiro pode ser obtido.

Se uma experiência falha, é porque houve enfraquecimento do esforço em relação a um ou mais desses princípios. Vi essa combinação de princípios produzir resultados quase inacreditáveis. Ouvi homens de grande sucesso endossarem essa combinação de princípios e serem vistos como detentores de superpoderes. Eles, por sua vez, não fizeram nenhum esforço para explicar o óbvio (que não eram superpoderes), até porque aquilo que realizaram realmente parecia inexplicável.

A combinação dos cinco princípios que acabei de mencionar dá ao indivíduo um poder que não é possível atribuir a nenhum princípio isolado. As experiências de homens de grandes realizações comprovam esse fato. Primeiro vamos ver o que diz Thomas A. Edison, cuja declaração sobre o tema é citada quase tão literalmente quando permite a memória.

"Você me pede", disse Edison, "para citar o elemento essencial mais importante no campo da invenção. Bem, posso descrevê-lo rapidamente. Consiste, primeiro, em conhecimento definido sobre o que se quer alcançar [definição de objetivo]. É preciso fixar a mente nesse objetivo com aquela persistência que não reconhece a palavra 'impossível' e começar a procurar aquilo que busca, fazendo uso de todo o conhecimento acumulado que puder encontrar sobre o assunto, recorrendo à própria experiência e fazendo uso da experiência de outras pessoas [MasterMind, atenção controlada, autossugestão]. Ele deve continuar procurando, independentemente de quantas vezes essa busca o leve a becos sem saída [força de vontade]. Deve se recusar a ser influenciado pelo fato de mais alguém ter tentado a mesma ideia sem sucesso [autodisciplina, domínio do medo e da dúvida]. Deve permanecer 'vendido' à ideia de que a solução de seu problema existe em algum lugar, e de que a encontrará [autossugestão]."

Edison prosseguiu: "Quando um homem decide resolver um problema, pode, em princípio, encontrar oposição; mas se insistir e continuar procurando, certamente encontrará alguma solução. Nunca soube de um plano assim que tenha fracassado [Uma combinação dos cinco princípios é o que vemos aqui]".

"O problema com a maioria das pessoas", ele continuou, "é que desistem antes de começar." Com isso ele quis dizer, é claro, que limitações autoimpostas proíbem muitas pessoas de começar tarefas que poderiam concluir com facilidade se tivessem começado e continuado com a correta atitude mental.

"Em toda a minha experiência", disse Edison, "não me lembro de ter encontrado jamais uma solução para qualquer problema relacionado à invenção no primeiro esforço, com exceção da máquina falante. E uma das coisas mais surpreendentes é que, quando descobri o que procurava, geralmente percebi que a resposta estava ao meu alcance o tempo todo, mas nada além de persistência e vontade de vencer poderiam tê-la encontrado."

Agora vamos ver o que diz Alexander Graham Bell, inventor do telefone moderno: "Descobri o princípio do telefone para longas distâncias quando procurava meios de produzir um aparelho auditivo mecânico para minha esposa, cuja audição era prejudicada. Decidi que encontraria o que procurava nem que demorasse toda a minha vida. Depois de inumeráveis fracassos, finalmente descobri o princípio que procurava, e fiquei perplexo com sua simplicidade. Fiquei ainda mais surpreso ao descobrir que o mecanismo descoberto não apenas beneficiaria a construção do aparelho auditivo mecânico, mas serviria também como um meio de enviar o som da voz por um cabo".

Bell usou os cinco princípios aqui descritos, embora possa tê-los usado de maneira inconsciente. "Outra descoberta que surgiu de minhas investigações", contou Bell, "foi que, quando um homem dedica o cérebro a produzir um resultado definido e se mantém dedicado a isso, é como se a atitude desse a ele uma 'segunda visão' que o capacita a enxergar através dos problemas comuns. Não sei dizer que poder é esse; só sei que ele existe e que se torna disponível somente quando um homem está naquele estado mental em que sabe exatamente o que quer e está determinado a obter exatamente isso."

Vou apresentar agora John Wanamaker, o falecido "rei do comércio da Filadélfia". "Em diversas ocasiões no começo de minha carreira de comerciante", disse Wanamaker, "precisei de fundos para operar meu negócio, valores que não teria conseguido por nenhum meio habitual ou canais bancários. Em cada uma dessas ocasiões, fui ao parque e comecei a andar, pensando, enquanto caminhava, em novas maneiras de abordar a solução para o problema. Em uma dessas ocasiões, eu precisava de um valor muito alto, porque tivemos um período de poucas vendas e as prateleiras estavam lotadas de mercadorias que não conseguimos converter em dinheiro imediato. Decidi não voltar à loja enquanto não tivesse resolvido o problema. Mantive a mente focada nele a todo segundo. No fim da segunda hora, uma ideia explodiu na minha cabeça, e pude voltar à loja e levantar a quantia de que precisava em quinze minutos. A parte mais estranha da experiência foi não ter pensado nisso logo no início."

Atenção controlada mais definição de objetivo formaram a combinação que serviu a Wanamaker nesse caso. Talvez fé aplicada fizesse parte da combinação de princípios que ele usou, mas isso não foi mencionado. Ele disse, porém: "Duvido que exista um problema insolúvel para o homem que aprendeu a manter a mente voltada para seu problema com a firme determinação de encontrar sua solução". Foi como dizer que não existe problema insolúvel para quem sabe usar a fé.

Agora, vamos ver o que disse Elmer R. Gates, um dos distintos cientistas e inventores de décadas atrás, que colaborou com a organização dessa filosofia. "Existe uma fonte oculta de poder", disse Gates, "que auxilia um homem quando ele fixa a mente em um objetivo definido e se torna determinado a alcançá-lo. Com a ajuda desse poder, descobri o segredo de mais de duzentas invenções, nenhuma delas existente em meu conhecimento acumulado no início da pesquisa. É possível fixar a atenção em um problema dado e mantê-la ali até a solução do problema parecer flutuar para dentro da mente. O maior de todos os problemas é sustentar suficiente força de vontade para manter a mente concentrada em um único objetivo pelo tempo necessário para acessar essa fonte misteriosa de visão interior."

Quando foi solicitado a explicar o que queria dizer com o termo "visão interior", Gates respondeu: "Eu me refiro ao sexto sentido, pelo qual a mente subconsciente parece fornecer respostas aos problemas a ela submetidos na atitude mental que descrevi".

Lembre-se, esses homens estavam entre os de mais distintas realizações conhecidos pelo povo americano durante o tempo que viveram. Cada um era um sucesso reconhecido em seu campo.

Vamos conhecer agora uma palavra do falecido presidente Woodrow Wilson. "Quando recebemos das autoridades militares alemãs a solicitação de um armistício em 1918", disse Wilson, "foi um dos maiores e mais profundos problemas de meus mandatos na Casa Branca. Eu sabia que a decisão tinha que ser tomada. Sabia que a vida de milhares de pessoas dependia dessa decisão. E sabia que eu tinha que tomá-la. Deixei o pedido de lado por alguns minutos, fechei os olhos e decidi buscar orientação de uma fonte maior que minha faculdade da razão. Em pouco tempo, peguei o papel e saí para a varanda dos fundos da Casa Branca, e lá fiquei de olhos fechados, com o papel na mão fechada, pedindo orientação divina. Estava decidido a não me basear apenas no meu julgamento. Em pouco tempo – não mais que cinco minutos – a resposta surgiu. Era tão definida, tão obviamente razoável, que voltei ao meu escritório e escrevi a resposta de maneira abreviada. Os eventos subsequentes comprovaram que eu havia dado a resposta correta, porque pouco tempo após tê-la enviado, o *kaiser* alemão foi destronado por seu povo e enviado ao exílio."

Que estranho poder foi esse em que o presidente baseou sua resposta sobre a guerra? Ele não tentou explicar. Só se pode supor que era o que ele acreditava ser, mas há um fato sobre o qual não há dúvida; o presidente forçou a mente a procurar a solução para um problema grave, e ela produziu os resultados desejados. Sua experiência foi atenção controlada da mais profunda natureza.

Parece que a atenção controlada é mais eficiente durante uma emergência, quando se é forçado a concentrar os pensamentos em um problema definido. E não vamos esquecer que atenção controlada tem muito poder quando é motivada por medo, mas o poder parece ser limitado ao meio de sua expressão física. Quando amedrontado, um homem pode desenvolver grande força física, porque concentra todos os seus esforços em alguma direção particular, mas esse tipo de poder é pequeno, de fato, se comparado ao poder espiritual que se torna disponível pela emoção da fé.

Atenção controlada, inspirada por fé, é um poder muito diferente daquele que é criado pelo medo. Se Woodrow Wilson tivesse concentrado a mente na resposta para a solicitação do governo alemão de um armistício em uma disposição de medo, duvido que tivesse recebido o tipo de orientação que recebeu e que o capacitou a enviar uma resposta que pôs fim ao antigo *kaiser* da Alemanha.

Bell descobriu o princípio que tornou o telefone possível como resultado de uma emergência, ocasionada pela surdez de sua esposa. É claro que o significado de "emergência" é este: faz o indivíduo controlar sua atenção de uma forma mais elevada em comparação a circunstâncias normais. Parece que esses resultados sem explicação (às vezes chamados de "milagres") vividos por pessoas que contam com a própria mente geralmente ocorrem sob o estresse de uma emergência, quando, pela própria natureza da circunstância, elas são forçadas a intensificar a concentração de seus pensamentos em um assunto definido.

Dois fatores estão sempre presentes nessas circunstâncias. Primeiro, a emergência acelera a vibração do pensamento até um estado altamente intenso de sentimento emocional. Segundo, essa emoção é concentrada em um objetivo principal definido.

O propósito da atenção controlada, do ponto de vista dessa filosofia, é capacitar o indivíduo a reunir todos os departamentos da mente e dominar seu poder combinado para o uso relacionado a um objetivo dado. Isso resume o que é atenção controlada. Ela estimula a ação coordenada pela (1) faculdade da vontade, (2) faculdade das emoções, (3) faculdade da razão, (4) consciência, (5) memória, (6) faculdade da imaginação, (7) pelo sexto sentido, (8) pela seção subconsciente da mente, e parece razoável presumir que as forças combinadas desses departamentos da mente possam fazer contato direto com a Inteligência Infinita, sob quaisquer circunstâncias que as ponham todas em ação simultaneamente.

A hipótese parece ainda mais lógica porque tem o aval, mais ou menos nos mesmos termos que descrevemos, de Thomas A. Edison, Elmer R. Gates, Alexander Graham, presidente Woodrow Wilson, Andrew Carnegie e muitos outros igualmente capazes de pesquisar uma conclusão lógica sobre um assunto tão profundo.

Os fatos sobre os quais essa hipótese se baseia, com uma exceção, são precisos. Sabe-se que o poder combinado dos oito fatores da mente, quando coordenados e expressados em ação pela atenção controlada, permite que o indivíduo realize façanhas que beiram o "milagroso". A fonte de poder que torna isso possível não foi isolada de maneira definitiva, mas os resultados são tão impressionantes que não podem ser atribuídos a nenhum poder menor que a Inteligência Infinita.

A missão dessa lição, porém, não é definir a origem desse poder, mas descrever métodos funcionais pelos quais possa ser acessado e usado em relação aos problemas diários dos homens. No desempenho dessa responsabilidade, não preciso me basear em hipóteses, porque testei com cuidado e aprovei com precisão fórmulas nas quais me baseio – fórmulas que sei serem confiáveis e práticas porque têm sido usadas com sucesso por homens de realizações impressionantes em todas as áreas. Mais de quinhentos homens desse calibre, que colaboraram por muitos anos na organização dessa filosofia, foram questionados especificamente sobre essa questão da atenção controlada, e aqui vai uma breve transcrição do que alguns deles disseram:

Asa Candler, fundador da Coca-Cola: "Minha opinião sobre o valor do esforço concentrado pode ser mais bem colocada pela menção ao fato de investirmos uma imensa fortuna anualmente com o único propósito de concentrar a atenção do público no nome 'Coca-Cola'. Talvez você se interesse por saber que esse nome vale milhões de dólares, mas logo perderia todo o valor se negligenciássemos esse esforço para manter a atenção do público concentrada nele".

Henry Ford, fundador da Ford Motor Company: "O trabalho de toda a minha vida fala por si mesmo sobre o que penso a respeito do valor da ação concentrada. Nossa fortuna, nosso talento e todos os nossos bens são combinados com o único objetivo de dar ao público a maior quantidade possível de serviço de transporte pelo menor custo possível. O sucesso da nossa empresa dependeu, em grande parte, de nunca termos nos desviado dessa política".

William Wrigley Jr., o "rei" da goma de mascar: "O que penso sobre esforço concentrado pode ser mais bem descrito pelo exame da embalagem de cinco centavos de goma de mascar, a cuja fabricação e distribuição dediquei todo o meu tempo. As tentações para desviar minha atenção e parte do meu dinheiro para outros canais têm sido muitas e muito variadas, mas me atenho ao meu objetivo principal definido original porque reconheci desde muito cedo na vida que nenhum homem pode ser bem-sucedido se dividir suas energias e desviar sua atenção para muitas direções distintas". (Wrigley foi o primeiro estudante da minha Filosofia da Realização Americana depois de ela ter sido organizada e testada.)

Andrew Carnegie, o homem que inspirou a organização dessa filosofia e dirigiu seus primeiros estágios, tinha um slogan que repetia em toda ocasião apropriada. Era assim: "Coloque todos os seus ovos em um cesto; depois o observe com atenção para ver se ninguém chuta o cesto". Com isso ele queria dizer, é claro, que se deve concentrar toda a atenção em um objetivo principal definido. Ele fez exatamente isso ao desenvolver a grande indústria do aço que fundou, e ao acumular sua imensa fortuna.

King Gillette, produtor da primeira lâmina de barbear segura: "Ao concentrar toda a minha atenção e fortuna na produção de uma lâmina de barbear segura, não só cumpri uma missão que me deu grande satisfação e uma fortuna estável, mas também prestei um serviço inestimável a milhões de homens que usam meu produto. Eu me ative a esse objetivo principal definido porque percebi que o tempo médio de uma vida não é o bastante para permitir que alguém alcance mais que um objetivo principal".

Edwin C. Barnes, distribuidor nacional do Ediphone e único sócio que Thomas A. Edison teve: "Dediquei meus esforços inteiramente à venda e distribuição de Ediphones [as máquinas de ditado de Edison] porque aprendi ainda cedo na vida com Edison os benefícios do esforço concentrado. Um dos primeiros traços de caráter que observei em Edison foi o hábito de controlar a atenção para dirigi-la a uma coisa de cada vez. É verdade que ele inventou muitas coisas diferentes, mas devemos lembrar que ele concentrou toda a sua atenção no campo das invenções, e sempre se dedicou a uma invenção de cada vez. A esse hábito, mais do que a qualquer outro, talvez, ele deve seu incrível sucesso como inventor".

John Wanamaker, o "rei do comércio" da Filadélfia: "Atenção controlada, por trás de um único objetivo, é o segredo de toda realização humana. O homem que desenvolve sua arte e a aplica com habilidade se conecta com uma fonte de poder que não está disponível a ele por nenhum outro método. O que é esse poder e como pode ser acessado e usado são perguntas alheias ao meu campo de atividade, mas sei que ele existe porque o utilizei como base de toda a minha experiência comercial. E posso lhe dizer sobre ele: sob certas circunstâncias, torna-se um poder irresistível suficiente para a solução de todos os problemas humanos".

James J. Hill, fundador do sistema Great Northern Railway (rede de ferrovias): "O homem que espalha suas energias por muitas empreitadas diferentes é como o homem que fecha os olhos quando aponta uma arma para um alvo e atira. Pode espalhar sua munição em muitas direções distintas sem acertar o alvo. Atenção controlada tem sido meu maior bem. Eu a utilizei durante a maior parte da minha vida adulta, em especial na construção e operação da Great Northern Railway".

John D. Rockefeller, fundador da Standard Oil Company: "Desde o primeiro dia em meu primeiro emprego de escriturário até este momento, segui o plano de concentrar minha atenção em uma coisa de cada vez. A atenção controlada coloca o homem em contato com uma fonte de poder que dá a ele o equivalente a uma espécie de supersabedoria na administração de seus assuntos. Investi grandes somas em muitos negócios e indústrias diferentes, mas ganhei esse dinheiro com aquilo em que concentrei a maior parte de meus pensamentos, o ramo do petróleo. Nenhuma parte de minha atenção foi dada a nenhuma indústria em que investi, só à minha".

Wilbur Wright, coinventor do aeroplano Wright: "Meu irmão Orville e eu sempre seguimos o hábito de concentrar nossa atenção em um objetivo principal, que era o aperfeiçoamento de uma máquina voadora mais pesada que o ar. Se tivéssemos dividido nossa atenção, não creio que teríamos construído uma máquina capaz de voar".

Frank W. Woolworth, fundador das lojas de cinco e dez centavos Woolworth: "Desde o dia em que criei o plano da moderna Five and Ten Cent Store, dediquei toda a atenção ao meu objetivo principal definido, a operação de nossas lojas. A atenção controlada teve um papel muito mais importante no sucesso do nosso negócio do que qualquer outro fator. Imitadores logo ingressaram no ramo com planos semelhantes aos nossos, e alguns se deram até bem, mas nós continuamos firmes na execução do nosso plano. Talvez por isso sejamos conhecidos como líderes do ramo por tantos anos".

Arthur W. Nash, fundador da confecção sob encomenda Nash: "Nosso sucesso de verdade começou quando descobrimos que um negócio prospera mais quando todos ligados a ele concentram a mente no sucesso da empreitada. Antes dessa descoberta, trabalhávamos com propósitos cruzados. Pela combinação da definição de objetivo, da Regra de Ouro e da atenção controlada, transformamos um negócio insolvente em outro que hoje paga adequadamente a todos que trabalham nele. A combinação desses três princípios nos deu acesso a uma fonte de poder que não usávamos antes".

George Pullman, inventor do moderno carro-dormitório Pullman: "A mudança na minha situação econômica aconteceu quando descobri que um homem não pode fazer mais que uma coisa ao mesmo tempo se quiser fazê-la bem-feita. Todo o meu tempo foi concentrado no aperfeiçoamento do carro Pullman. Isso, mais que tudo, é responsável pelo sucesso que tivemos".

Julius Rosenwald, ex-proprietário da Sears, Roebuck & Company: "A atenção controlada em associação com definição de objetivo, Regra de Ouro e visão criativa fizeram da minha empresa a líder reconhecida no campo do comércio por catálogo. Dentre os três últimos princípios, eu destacaria o primeiro, porque sem ele os outros dois perderiam muito de sua importância econômica".

Milo C. Jones, o agricultor de Wisconsin que fez fortuna depois de ser atacado pela paralisia dupla: "Quando perdi o uso do corpo, concentrei todos os poderes da mente em uma única ideia, a criação da Little Pig Sausage, e me surpreendi quando descobri que podia fazer só com atenção controlada muito mais do que tinha feito antes com todo o meu corpo. Com a ajuda do princípio do MasterMind, eu podia usar as capacidades físicas de outros membros da família no gerenciamento do negócio, mas o planejamento necessário acontecia pela concentração da minha mente naquele objetivo único".

Walter C. Chrysler, fundador da Chrysler Motor Company: "Concordo com Andrew Carnegie sobre a sensatez de colocar todos os ovos em um cesto e depois ficar atento ao cesto. A melhor parte da minha vida foi dedicada à fabricação e venda de bons automóveis. Concentrei todas as energias nesse objetivo principal definido. É surpreendente o que um homem pode realizar quando alcança a necessária autodisciplina para controlar sua atenção, dedicando-se a uma coisa de cada vez. Todo sucesso que tive foi resultado, em grande parte, de definição de objetivo, princípio do MasterMind, visão criativa, esforço individual organizado, autodisciplina e atenção controlada, com forte ênfase na última".

Muitos leitores lembrarão daquele trágico ano de 1933, quando Franklin D. Roosevelt se tornou presidente pela primeira vez. A depressão havia plantado o medo na cabeça das pessoas, e o estado de toda a estrutura econômica era caótico, com bancos falindo, empresas fechando e dezenas de milhares de desempregados. Manchetes assustadoras sobre a "depressão" enchiam os jornais, e todo mundo falava, pensava e agia com medo e insegurança.

> *Thomas A. Edison tornou-se o maior inventor do mundo praticamente sem escolaridade, apenas aprendendo a concentrar toda a atenção em uma coisa de cada vez.*

Sendo um experiente estudante de psicologia, o presidente dedicou-se a trabalhar para conter a avalanche de medo. Sua primeira ação pretendia usar o princípio da atenção controlada – não por parte de alguns, mas por todo o povo dos Estados Unidos. Vamos analisar sua ação, porque aqui encontramos muitos dos princípios dessa filosofia em ação de um jeito prático, em uma das maiores emergências que este país já viveu.

O primeiro gesto do presidente foi convocar os líderes das duas casas do Congresso à Casa Branca para uma reunião, na qual ele vendeu a ideia de esquecer filiações partidárias e concentrar todos os esforços na tarefa única de restabelecer a confiança na mente de todo o povo americano.

Depois ele chamou os representantes dos jornais e os inseriu nesse mesmo compromisso. Os líderes da igreja foram chamados a se comprometer com a mesma empreitada, independentemente de sua denominação, e aceitaram o convite.

Os anunciantes nas rádios foram recrutados para a mesma causa e passaram a trabalhar com vontade, vendendo "americanismo" ao povo da América. O próprio presidente estreou seu famoso programa "conversas ao lado da lareira" e falou diretamente com o povo americano.

Nessa e em outras empreitadas parecidas, numerosas demais para serem mencionadas, o povo da América foi reunido com um golpe de mestre pela aplicação do princípio da atenção controlada, com o único propósito de recuperar a confiança no estilo de vida americano, nas instituições americanas e, acima de tudo, no próprio povo americano.

Os resultados foram mágicos.

Quase da noite para o dia, as manchetes assustadoras sobre "Depressão" foram substituídas por outras falando em "Recuperação dos negócios". Todo adulto se lembra dessa circunstância, mas uma das grandes tragédias desse episódio reside no fato de tão poucas pessoas terem apreendido toda a importância do poder que promoveu essa rápida mudança – o poder da atenção controlada focado em um objetivo principal definido.

Havia uma emergência. De fato, era um momento crítico nacional como o povo jamais tinha visto antes. Impelido pela seriedade dessa emergência, o povo deixou de lado preconceitos de raça, credo e inclinações políticas e concentrou-se na tarefa única de recuperar a confiança, e todo o cenário econômico começou a passar do fracasso ao sucesso.

Aqui vai um exemplo impressionante do que acontece quando as pessoas unificam a mente e direcionam todo o seu poder mental combinado para um objetivo principal definido, em um espírito de atenção controlada.

O princípio funciona tão bem para indivíduos quanto funcionou para uma nação como um todo. Há suficiente poder disponível em qualquer cérebro normal se for organizado e direcionado para um fim definido por meio de atenção controlada, para promover a solução dos principais problemas individuais da vida, sem mencionar a solução dos problemas menores, cuja maioria nem existiria se as pessoas cultivassem o hábito da atenção controlada ao lidar com eles.

Empresários de sucesso e outros que se dedicaram a pensar no assunto sabem, há muito tempo, que a melhor maneira de lidar com problemas desagradáveis é atacar os mais difíceis primeiro e agir sem medo ou procrastinação, concentrando a atenção neles e mantendo-a ali até encontrar uma solução. É surpreendente perceber com que rapidez os problemas mais embaraçosos desaparecem quando se concentra a atenção neles com uma vontade determinada de liquidá-los.

Mas não é assim que a pessoa comum lida com esses problemas. Muita gente trata problemas desagradáveis da mesma maneira como a governanta preguiçosa cuida da casa, varrendo a sujeira para baixo do tapete. Problemas pequenos crescem quando são deixados de lado, quando não recebem atenção.

Como um renomado psicólogo explicou o poder da atenção controlada, "Ela abre um buraco bem no coração dos mais emaranhados problemas se for respaldada por uma vontade determinada". E ele bem poderia ter acrescentado que a atenção controlada não só abre um buraco no coração do problema, mas também o mantém aberto até liquidar o que restar em torno desse buraco.

O falecido Cyrus H. K. Curtis, ex-proprietário da revista *Saturday Evening Post*, também falou sobre o princípio da atenção controlada:

> Quando comprei a *Saturday Evening Post*, ela era basicamente um nome e algumas dívidas. Meu objetivo principal definido era fazer da *Post* a maior revista dos Estados Unidos. Para respaldar esse objetivo, apliquei toda a minha atenção, todo o meu dinheiro e toda a influência que tinha com amigos, com uma fé ilimitada no futuro da publicação.
>
> Por falta de capital de giro, os primeiros anos da *Post* foram marcados por dificuldades suficientes para desanimar alguém com menos fé do que eu. Houve momentos em que devia mais dinheiro do que poderia ter levantado vendendo todos os meus bens, inclusive a *Post*, e algumas vezes meus credores não foram generosos.
>
> Os amigos mais próximos imploravam para eu desistir da *Post* e dedicar meus esforços a alguma coisa que exigisse menos trabalho e menos capital de giro; mas eu tinha me comprometido com a execução de um trabalho e estava determinado a executá-lo, por mais que isso demorasse, ou por maior que fosse o esforço necessário para isso.
>
> Vivi essa experiência por muitos anos, e em alguns deles mergulhei tão fundo no vermelho que parecia que nunca mais sairia de lá. Isto é, parecia assim para todo mundo, menos para mim.
>
> Ao longo de todos esses anos de dificuldade, mantive a mente concentrada no trabalho à minha frente, não nas súplicas dos amigos que queriam que eu desistisse. Sempre desprezei quem desiste, em especial quem desiste antes de ter feito um esforço máximo para vencer.
>
> Agora a grande luta chegou ao fim, e eu venci. Fiz da *Post* exatamente o que me propus a fazer dela desde o início, fato que até a concorrência pode atestar.
>
> Enfrentaria a mesma luta de novo, se tivesse que recomeçar? Ah, sim, é claro que sim. Existe uma compensação para o homem que enfrentou uma luta dura, mas venceu a batalha, uma forma de compensação que, receio, outros jamais conhecerão.
>
> Sempre que você vir um exemplar da *Saturday Evening Post*, diga a si mesmo: aí está a evidência física de que atenção controlada, apoiada por definição de objetivo, não pode ser derrotada.

A história é mais ou menos assim com todos os homens que alcançaram sucesso digno de nota. Todos passam pelo "tempo de teste", como Andrew

Carnegie chamou. Isso mostra de que tipo de materiais são feitos. Nunca ouvi falar de alguém que alcançou grande sucesso sem antes passar por dificuldades e experiências desagradáveis, e a qualidade que mais se destaca nesses períodos de "tempo de teste" é atenção controlada.

A *Saturday Evening Post* é agora uma das maiores revistas do país. É a inveja dos editores do ramo, mas ficamos imaginando se os milhões de pessoas que a leem todas as semanas param para estudar sua história inicial, ou sabem que ela é produto da mente de um homem – um homem com visão, imaginação e entusiasmo, iniciativa pessoal e força moral para seguir em frente diante da adversidade. Eu me pergunto, também, quantas pessoas reconhecem que a grandiosidade da *Saturday Evening Post*, em comparação a muitas outras revistas que surgiram e desapareceram desde seu nascimento, é medida em proporção quase exata às dificuldades que Cyrus H. K. Curtis enfrentou enquanto a nutria no começo de sua história.

Escolhi a *Saturday Evening Post* porque quase todo mundo a conhece. O mesmo exemplo bem pode ser aplicado a quase todas as outras grandes áreas, porque sempre há aquela pessoa, ou um pequeno grupo de pessoas, que concentra a mente em um objetivo definido e leva adiante uma empreitada durante seu "tempo de teste" antes de o sucesso chegar.

Talvez não haja exemplo maior em toda a história do poder de esforço concentrado do que aquela associada à história de nosso país. O estilo de vida americano que conhecemos hoje nasceu da luta, da dificuldade e do sacrifício pessoal que raramente foi vivido, se é que algum dia foi, por aqueles que desfrutam dos privilégios deste país.

Seria bom que cada leitor dedicasse algumas noites à leitura do início da história dos Estados Unidos, especialmente aquela parte que começa com a Declaração de Independência, quando 56 homens de coragem assinaram o mais importante documento que o mundo já conheceu, criado para dar liberdade a um povo.

Hoje o povo dos Estados Unidos, bem como da maioria de outros países do mundo, enfrenta uma emergência mundial que ameaça destruir o grande estilo de vida americano, com todas as suas bênçãos e direitos de liberdade pessoal e sua abundância de oportunidades.

Ao fazer o inventário do que está acontecendo neste país para destruir a unidade do povo, quero saber por que as pessoas não tiram proveito da experiência daqueles homens corajosos que deram ao país sua solidez e segurança quando ele era ainda jovem e fraco. Também quero saber por que as pessoas esqueceram tão cedo os métodos pelos quais o presidente dos Estados Unidos interrompeu a avalanche do medo em 1933 e restabeleceu a confiança pelo princípio da atenção controlada, apoiado por um objetivo definido.

Se esses princípios eram bons no passado, devem ser igualmente bons hoje. Se a união do povo foi útil há pouco mais de 165 anos, quando a nação era libertada da tirania, essa solidariedade deve ser igualmente útil hoje, em nossa crise atual. E podemos acrescentar que, se esse princípio foi útil à nação como um todo, pode ser igualmente útil para qualquer pequeno grupo que se dispuser a realizar um fim desejável sob o princípio do MasterMind.

Onde as pessoas coordenam seus esforços em espírito de harmonia pela realização de um objetivo definido e começam a trabalhar para isso, descobrem-se ajudadas por um poder misterioso que dá impulso a seus esforços. Se forem vítimas reunidas pela perseguição, o poder a elas será disponibilizado da mesma maneira e, por alguma estranha razão, aparentemente aumentado.

Há cerca de cem anos, um homem chamado Joseph Smith fundou uma religião conhecida como mormonismo. Uma guerra religiosa eclodiu na comunidade onde Smith e seus seguidores viviam, resultando no assassinato dele e do irmão Hyrum quando estavam confinados em uma cadeia em Illinois. A liderança do grupo foi assumida por Brigham Young, que levou a maioria dos fiéis para o então não desbravado Utah, a mais de três mil quilômetros da área mais povoada dos Estados Unidos. Eles levavam só comida, quase insuficiente, sementes para plantar e utensílios domésticos e agrícolas para não morrerem de fome. Depois de abrir caminho por mais de três mil quilômetros de natureza não desbravada, enfrentar índios e lutar contra os elementos naturais, eles finalmente chegaram ao lugar hoje conhecido como Salt Lake City, Utah, e lá se instalaram. Plantaram as sementes que levaram, mas gafanhotos devoravam tudo que brotava do chão.

Para piorar a situação, o governo dos Estados Unidos enviou soldados a Utah para acabar com a poligamia. Eles se dedicaram à tarefa com tanta grosseria que acabaram hostilizando toda a população mórmon, mas os mórmons resistiram, e a pequena colônia prosperou.

As histórias contadas pelos mórmons sobre seus sacrifícios eram quase inacreditáveis, mas comprovadas em quase todos os detalhes essenciais. Os anos passaram, e os mórmons cresceram e prosperaram, ganhando a vida inteiramente do solo. De maneira geral, aceita-se que nenhum grupo, ao longo dos tempos pioneiros deste país, desde os pioneiros colonizadores até o presente, sofreu perseguição e assédio tão severo quanto os mórmons.

Hoje, pouco mais de cem anos depois de os mórmons terem se instalado em Utah, nós os encontramos em paz e prósperos, ainda ganhando a vida, em sua maioria, da terra. Durante a Depressão, enquanto milhões de pessoas dependiam da ajuda do governo em toda a nação, os mórmons foram os primeiros a anunciar que dali em diante nenhum mórmon pediria caridade. Eles haviam encontrado uma maneira de se tornar autossuficientes e autodeterminantes.

Bem, não estamos interessados nos mórmons como religião, nem no povo mórmon, senão para chamar atenção ao que acontece quando um grupo é levado ao martírio, como aconteceu como eles. Temos aqui um exemplo convincente da sensatez do lema de Andrew Carnegie: "A adversidade carrega em si a semente de um benefício equivalente".

Os mórmons enfrentaram adversidade quase maior do que pode suportar o ser humano. Quanto aos méritos ou deméritos de sua causa, ou de sua religião, ou de seus antigos relacionamentos domésticos, não estamos interessados; mas estamos muito interessados em aprender o segredo pelo qual um grupo de pessoas consegue combinar de tal forma fortunas e esforços para que cada indivíduo tenha supridas suas necessidades de vida sem ter que pedir caridade pública.

Estude os mórmons com cuidado, e você vai descobrir que o "segredo" dessa autodeterminação, se é que há nela alguma coisa que possa ser chamada de segredo, remonta ao espírito de perseverança que eles desenvolveram enquanto lutavam pela vida. Eles foram levados a somar seus escassos recursos econômicos e seus recursos espirituais para se defender de uma sociedade que tentava exterminá-los.

Ao formar essa associação, eles descobriram algo que devia interessar muito a todos nós. Descobriram que há poder na união de propósito e na coordenação de esforço físico. Não só descobriram o princípio do MasterMind, como também o usaram para escapar da total aniquilação e da humilhação de aceitar caridade pública, quando milhões de pessoas que nunca foram perseguidas buscavam subsídio na forma de ajuda do governo.

Os mórmons não só entenderam o princípio da atenção controlada, como também o usaram com tanto sucesso que arrancaram a vitória da derrota em um mundo que estava decidido a destruí-los. A aplicação do princípio foi para eles, no início, uma questão de necessidade. Foram forçados a concentrar a atenção em um objetivo principal definido para não serem aniquilados. Mais tarde, talvez eles tenham começado a usar o princípio por opção, uma vez que haviam aprendido seu poder estupendo quando lutavam pela vida.

Antes de encerrar o assunto dos mórmons, quero fazer mais uma observação sobre eles. Hoje eles têm missionários em praticamente todas as áreas dos Estados Unidos e na maioria dos países do mundo. Construíram seu lugar nas mais severas condições, e agora são reconhecidos no mundo todo com a mesma intensidade com que um dia foram perseguidos.

Não há espírito de vingança entre o povo mórmon hoje em dia. Se em algum momento eles quiseram se vingar da perseguição que sofreram, esse sentimento não existe mais. Eles não têm ressentimentos contra ninguém por nenhum motivo. Talvez por isso sejam tão aceitos no mundo todo. Sua "atitude mental" é positiva e construtiva. Eles são leais cidadãos americanos, adaptados de todas as maneiras aos melhores e mais aprovados hábitos do estilo de vida americano.

Não há em todo este país melhor exemplo da qualidade do ensaio de Emerson sobre compensação do que esse que encontramos nos mórmons. O que foi tirado deles pela geração de um século atrás é hoje devolvido de forma espontânea e livre por esta geração. Esse é um alimento da mais elevada ordem para o pensamento.

Vamos reconhecer a verdade onde a encontrarmos. Mais que isso, vamos nos apropriar da verdade e fazer uso dela, venha de que fonte vier. Se os mórmons têm um jeito melhor de se relacionar entre eles que todos nós, vamos aprender e usar o jeito deles. Sejamos justos – pelo menos conosco – e analisemos o estilo de vida mórmon, não por seus hábitos de cem anos atrás, mas por seus hábitos atuais.

O mundo todo está em estado de desajuste. Os relacionamentos humanos foram perturbados neste e em todos os outros países, a ponto de representar um perigo que ameaça a civilização. Cabe a nós, portanto, observar os métodos de qualquer indivíduo ou grupo que tenha encontrado um jeito de se relacionar com a vida de maneira harmoniosa.

Quando encontrarmos uma pessoa que tenha descoberto como viver em harmonia com o resto do mundo, vamos perguntar sobre sua filosofia, porque, apesar da possibilidade de termos nos aproximado para debochar dela, podemos descobrir que é vantajoso ficar e observar.

A atenção controlada possibilita esse tipo de análise. Permite que se penetre a superfície das coisas e pessoas e apreenda o que existe além da aparência. O mundo agora precisa desse tipo de análise. Muitos de nós somos muito propensos a enxergar a aparência e os aspectos materiais de coisas e pessoas, ignorando a realidade que existe além da superfície. E esse hábito trágico levou o mundo todo à beira da falência espiritual.

Essa filosofia pretendia, originalmente, ser uma filosofia de realização individual, projetada principalmente para capacitar as pessoas a garantir as necessidades materiais da vida sem violar os direitos alheios. Carnegie tinha isso em mente quando inspirou a pesquisa que resultou na filosofia. Mas as condições alteradas do mundo desde o tempo de Carnegie me levaram a olhar para um mundo inteiramente novo; um mundo de riqueza espiritual; um mundo em que as belas artes do relacionamento humano foram reveladas; e é o espírito maior de compreensão que quero que o leitor deste capítulo adquira.

Esforcei-me para mostrar que existe uma diferença entre atenção controlada e concentração comum de esforços. Vamos garantir a compreensão da natureza e extensão dessa diferença. A palavra "controle" é a chave para a explicação da diferença. Atenção controlada significa o ato de coordenar todas as faculdades da mente e direcionar seu poder combinado para um fim determinado. Esse ato requer autodisciplina da mais elevada ordem. Também requer o desenvolvimento de hábitos controlados. Na verdade, não se pode controlar atenção sem o apoio de hábitos de pensamento bem-desenvolvidos.

Agora vamos considerar algumas das circunstâncias sob as quais é aplicada a atenção controlada, a saber:

Oração

Quando alguém ora, se entende o verdadeiro significado da oração em um estado mental livre de todo medo e dúvida, deixa de lado a faculdade da razão, a faculdade da vontade e outras faculdades mentais, exceto a faculdade das emoções. Com a mente sob controle, ele concentra todas as suas emoções positivas, em especial a emoção da fé, sobre o objeto de sua oração, com uma fé tão profunda em sua realização que já consegue perceber-se em posse dela. Sob esse tipo de atenção controlada se faz ligação direta com a Inteligência Infinita. Se a oração tem uma resposta favorável, ela vem na forma de uma ideia inspirada, plano ou método pelo qual se pode, por esforço próprio, alcançar aquilo pelo que reza.

As palavras usadas na oração não importam. O estado mental no qual a prece é feita é o que conta. A fé deve estar presente. A menor sombra de medo, dúvida ou indecisão em relação ao direito de alcançar o que pede trará resultados negativos. A mente deve estar livre de qualquer outro pensamento, exceto aquele conectado ao objeto da prece. Aquele que ora deve continuar até que a prece produza os resultados desejados. Às vezes isso acontece em questão de segundos; outras vezes, a resposta pode demorar horas, dias, meses ou anos, de acordo com a natureza da oração e o que é necessário para que seja atendida.

Oração feita em tempos de emergência, quando a mente é dominada pelo medo, raramente produz os resultados desejados, embora aquele que ora possa precisar muito de ajuda.

Oração baseada em um pedido que exigiria a cessação de lei natural, ou logro ou violação de lei natural, trará resultados negativos.

A oração feita em súplica pelo mal alheio também fracassa, e pelo motivo muito compreensível de que a pessoa que faz esse pedido tem em mente alguma forma de vingança, ganância, egoísmo ou outra emoção negativa que torna a oração ineficiente.

A oração bem-sucedida depende da preparação adequada da mente para a expressão dela. Essa preparação é atenção controlada baseada em fé.

Oração é poder

O Dr. Alexis Carrel, que dedicou 33 anos à pesquisa biológica no Instituto Rockefeller e é autor de *O homem, esse desconhecido*, analisou a prece como segue:

> Oração não é só adoração; também é a origem invisível do espírito de veneração do homem – a mais poderosa forma de energia que se pode gerar. A influência da oração na mente e no corpo do homem é tão demonstrável quanto aquela das glândulas secretoras. Seus resultados podem ser mensurados em termos de disposição física aumentada, maior vigor intelectual, estamina moral e uma compreensão mais profunda das realidades subjacentes aos relacionamentos humanos.
>
> Se você adquirir o hábito da prece sincera, sua vida será muito alterada de maneira notável e profunda. A oração carimba sua marca indelével em nossas ações e comportamentos. A postura tranquila e o repouso facial e corporal são observados naqueles cuja vida interior é por ela enriquecida. Nas profundezas da consciência se acende uma chama. E o homem se vê. Ele se descobre. Descobre seu egoísmo, o orgulho tolo, os medos, a ganância, os erros. Ele desenvolve uma noção de obrigação moral, de humildade intelectual. Assim começa uma jornada da alma rumo ao reino da graça.
>
> A oração é uma força tão real quanto a gravidade da terra. Como médico, tenho atendido homens, depois que todas as terapias falharam, removidos da enfermidade e melancolia pelo esforço sereno da oração. Esse é o único poder do mundo que parece superar as chamadas "leis da natureza"; as ocasiões em que a oração tenha tido esse resultado dramático são chamadas de "milagres". Mas um milagre constante e mais silencioso acontece toda hora no coração de homens e mulheres que descobriram que a oração dá a eles um fluxo constante de apoio na vida diária.
>
> Muitas pessoas enxergam a oração como uma rotina formal de palavras, um refúgio para fraquezas, ou solicitação infantil de coisas materiais. Infelizmente subestimamos a oração quando a concebemos nesses termos, como subestimaríamos a chuva se a limitássemos a alguma coisa que enche os bebedouros das aves em nosso jardim. Compreendida de maneira apropriada, a oração é uma atividade madura, indispensável para o pleno desenvolvimento da personalidade – a integração definitiva das mais altas faculdades do homem. Só na oração alcançamos aquela completa e harmoniosa reunião de corpo, mente e espírito que dá à frágil moldura humana sua inabalável força.
>
> As palavras "peça e será atendido" têm sido comprovadas pela experiência da humanidade. É verdade, oração pode não devolver o filho

morto à vida ou trazer alívio para a dor física. Mas a oração é uma fonte de energia luminosa autogeradora.

Como a oração nos fortifica com tanto poder dinâmico? Para responder a essa pergunta (reconhecidamente alheia à jurisdição da ciência), devo apontar que todos que oram têm uma coisa em comum. As triunfantes hosanas de um grande oratório, ou a humilde súplica de um caçador iroquai pedindo sorte na caçada, ambas demonstram a mesma verdade: os humanos buscam aumentar sua energia finita dirigindo-se à fonte infinita de toda energia. Quando oramos, ligamo-nos ao inesgotável poder motor que faz rodar o universo. Pedimos que uma parte desse poder seja direcionada às nossas necessidades. Mesmo na súplica, nossas deficiências humanas são minimizadas e saímos fortalecidos e reparados.

Mas nunca devemos invocar Deus meramente para satisfação de nossos caprichos. Extraímos mais poder da oração quando a usamos não como petição, mas como uma súplica para podermos nos tornar como Ele. A oração deve ser vista como prática da presença de Deus. Um velho camponês estava sentado sozinho no último banco da igreja do vilarejo. "O que está esperando?", alguém perguntou. E ele respondeu: "Estou olhando para Ele e Ele está olhando para mim". O homem ora não só para Deus se lembrar dele, mas também para ele se lembrar de Deus.

Como a prece pode ser definida? Prece é o esforço do homem para alcançar Deus, comungar com um ser invisível, criador de todas as coisas, sabedoria suprema, verdade, beleza e força, pai e redentor de cada homem. Esse objetivo da oração sempre permanece oculto à inteligência. Porque linguagem e pensamento falham quando tentamos descrever Deus.

Sabemos, porém, que sempre que nos dirigimos a Deus em fervente oração, mudamos para melhor de corpo e alma. É impossível que homem ou mulher ore por um só momento sem algum bom resultado. "Nenhum homem jamais orou", disse Emerson, "sem aprender alguma coisa."

É possível fazê-lo em todos os lugares. Nas ruas, no metrô, no escritório, na loja, na escola, e também na solidão do quarto ou no meio das pessoas em uma igreja. Não há postura, hora ou lugar prescritos.

"Pense em Deus com mais frequência do que você respira", disse Epiteto, o Estoico. Para realmente moldar a personalidade, a prece deve se tornar um hábito. Não faz sentido rezar de manhã e viver o resto do dia como um bárbaro. A verdadeira oração é um estilo de vida; a vida mais verdade é, literalmente, um jeito de rezar.

As pessoas que melhor rezam são como improvisações de amantes talentosos, sempre fazendo a mesma coisa, mas nunca do mesmo jeito. Nem todos são tão criativos ao orar quanto Santa Teresa ou Bernard de

Clairvaux, que derramavam sua adoração em palavras de beleza mística. Felizmente, não precisamos da eloquência dos dois; nosso menor impulso para rezar é reconhecido por Deus. Mesmo que sejamos muito burros, ou que tenhamos a língua coberta por vaidade ou mentira, nossas poucas sílabas de louvor são aceitas por Ele, e Ele nos cobre com manifestações fortalecedoras de Seu amor.

Hoje, como nunca antes, a oração é uma necessidade agregadora na vida de homens e nações. A falta de ênfase no sentimento religioso trouxe o mundo à beira da destruição. Nossa mais profunda fonte de poder e perfeição foi abandonada, miseramente subdesenvolvida. Oração, a experiência básica do espírito, deve ser uma prática ativa em nossa vida privada. A alma negligenciada do homem deve ser fortalecida o suficiente para afirmar-se mais uma vez. Porque, se o poder da oração for novamente liberado e usado na vida de homens e mulheres comuns, se o espírito declarar sua meta com clareza e coragem, ainda há esperança de que nossas preces por um mundo melhor sejam atendidas.

(Citado com permissão da *Reader's Digest*.)

Definição de objetivo

Aqui se deve entender o pleno significado da ênfase de Andrew Carnegie nos relacionamentos de perfeita harmonia entre a mente de todos do grupo de MasterMind. Falta de harmonia por parte de um indivíduo do grupo destruirá a característica de atenção controlada da aliança. É óbvio, portanto, que atenção controlada é mais fácil de alcançar por um indivíduo do que por um grupo, por causa da dificuldade para reunir um grupo de pessoas que subordinem desejos e motivos pessoais à realização de um fim comum.

O povo mórmon conseguiu, mas foi inspirado por um dos motivos mais fortes que existem, o desejo de autopreservação. É muito fácil alguém subordinar seus desejos pessoais pelo bem dos associados quando a própria vida depende da coordenação de esforços, tanto em espírito quanto em atos.

Carnegie chamou atenção muitas vezes para a necessidade de perfeita harmonia na aliança de MasterMind. Sua genialidade foi manter esse relacionamento entre os membros de seu grupo de MasterMind, e ele mesmo foi o maior segredo de suas estupendas realizações. Ele organizou de tal forma seu relacionamento com os aliados de MasterMind que todos enriqueceram além de qualquer medida que teria sido possível se trabalhassem de maneira independente, sem sua ajuda. Sendo o juiz astuto da natureza humana que era, ele reconheceu que os homens controlam a própria atenção por causa de um motivo adequado, e por nenhuma outra razão. Ele forneceu aos aliados de MasterMind muitos motivos para cooperar com ele em espírito de perfeita harmonia, e nenhum desses motivos era o desejo de ganho financeiro.

Gerentes de vendas que entendem psicologia prática sempre inspiram seus vendedores a fazer o esforço extra oferecendo compensação extra na forma de bônus, prêmios, privilégios pessoais etc. Os gerentes de vendas mais bem-sucedidos normalmente conseguem ter algum tipo de sistema de compensação extra em operação o tempo todo, porque a experiência provou que esse é o método mais conhecido de induzir os homens a tomar posse da própria mente e trabalhar por um objetivo comum em espírito de harmonia.

O gerente de vendas menos experiente frequentemente recorre a outros métodos de produção de resultados de vendas, como provocar em seus vendedores o medo da perda do emprego. Tais métodos às vezes produzem resultados temporários que parecem ser satisfatórios, mas são apenas temporários. O sucesso permanente em qualquer tipo de relacionamento humano deve ter por base confiança mútua e espírito de harmonia. Relacionamentos humanos construídos sobre qualquer outro tipo de base tendem a fracassar, qualquer que seja sua natureza ou o objetivo para o qual tenha sido formado. Vamos nos lembrar disso e tirar proveito.

O mundo agora enfrenta uma emergência, com a maioria das pessoas aparentemente ignorando a importância de relacionamentos humanos harmoniosos. Não pode haver harmonia de relacionamentos humanos em um mundo dominado por egoísmo, ganância, inveja, vingança, ódio, luxúria, avareza, medo, dúvida, indecisão e desejo de obter alguma coisa em troca de nada, sentimentos hoje tão evidentes no mundo.

Não pode haver paz de espírito ou sucesso permanente para o indivíduo que é dominado por algum desses estados mentais negativos. Atenção controlada é um dos principais princípios pelos quais todos os estados mentais negativos podem ser eliminados.

Em um recente pronunciamento de rádio, o papa Pio disse que a guerra mundial é a maneira de Deus para purgar um mundo doente de seus pecados. O bom senso sugere que as pessoas do mundo (com exceções, é claro) estiveram se relacionando entre elas, desde o início da Primeira Guerra Mundial, de um jeito que merece correção.

Amor

Esse é um estado mental, uma emoção humana, que preside a lista de todas as emoções para o estabelecimento de relações harmoniosas entre as pessoas. O amor é espiritual; é de origem divina. Se você quer ver atenção controlada em ação em sua forma mais elevada, observe o homem e a mulher que consolidaram seus interesses em um espírito de amor. Observe também com que facilidade esse estado mental limpa a mente de todos os outros pensamentos. Onde o verdadeiro amor prevalece, inveja, ganância, vingança, luxúria, egoísmo e desejo de obter algo em troca de nada não se apoderam da mente dos amantes.

Não me refiro àquela forma de sentimentalismo conhecida como "paixão adolescente", nem à emoção do sexo, que é frequentemente confundida com amor. Falo daquele poder espiritual que une as pessoas em um espírito de integração; aquele relacionamento pelo qual cada pessoa se torna (espiritualmente) parte da outra.

Amor é harmonia espiritual entre duas pessoas. O relacionamento não é confinado a homens e mulheres. É o tipo de relacionamento que existe entre pessoas onde quer que prevaleça o verdadeiro espírito do cristianismo. Não tem nada em comum com dogma ou credo. É a forma mais elevada de interação humana. Onde ele se torna o fator dominante nas relações humanas, existem harmonia e compreensão. É atenção controlada dirigida a uma definição de objetivo entre pessoas. Aquele que por ela é afetado reconhece, espontaneamente, que é "guardião do irmão".

Foi esse espírito divino de amor que inspirou os signatários da Declaração de Independência a pôr em risco a própria vida para que a liberdade pudesse ser o privilégio comum de seus semelhantes. Seu motivo nada teve da natureza do egoísmo. Não tinha relação com medo. Foi produto de uma fé duradoura compartilhada igualmente pelos 56 homens que tinham tanta certeza da justiça de sua causa que a viram triunfar no final. Sempre que o homem *controla sua atenção* e a dirige para um fim definido, nesse espírito, dispõe de uma fonte de poder que pode desafiar com sucesso a oposição. Esse tipo de poder nunca é utilizado por déspotas, porque é impossível usar poder espiritual de forma destrutiva. Poder espiritual constrói, mas nunca destrói.

> *O homem não é uma criatura de circunstâncias, mas um criador de circunstâncias. Ele faz as próprias circunstâncias, as próprias oportunidades.*

A atenção controlada leva à maestria em qualquer tipo de empreitada, porque permite que o indivíduo foque seus poderes mentais em um objetivo definido e os mantenha assim direcionados, por sua vontade. Atenção controlada é autodomínio da mais alta ordem, porque é fato conhecido que aquele que pode controlar a própria mente pode controlar tudo que esteja em seu caminho.

O homem que sabe exatamente o que quer e que concentra sua atenção em alcançar esse propósito com todo o apoio de sua vontade de vencer normalmente não se desaponta. Nada pode derrotá-lo, exceto uma vontade opositora mais forte. Esse tipo de esforço concentrado encontra um jeito de vencer obstáculos que parecem insuperáveis. Era esse tipo de força de vontade que Harriet Beecher Stowe tinha em mente quando escreveu: "Quando você estiver em uma situação difícil e tudo estiver contra você, até parecer que não pode mais suportar nem um minuto, nunca desista nesse ponto, porque esse é justamente o lugar e o momento em que a maré vai virar".

Sim, a maré parece sempre virar a favor do indivíduo se ele está determinado a agir para que assim seja. O estado mental tem muito a ver com a "maré". Platão tinha em mente essa mesma ideia quando disse: "A primeira e melhor vitória é conquistar a si mesmo; ser conquistado por si mesmo é, de todas as coisas, a mais vergonhosa e vil".

Cada grande filósofo que pensou nos poderes da mente descobriu que ela tem em si mesma qualidades suficientes para toda emergência. Henry Wadsworth Longfellow reconheceu a verdade disso quando disse: "Uma mente esclarecida não é ludibriada; não é trancada em uma prisão sombria até acreditar que as paredes de sua própria masmorra são os limites do universo, e a extensão da própria corrente, a margem externa da inteligência". Longfellow não tentou explicar a origem do poder mental, mas reconheceu de forma definitiva o irresistível poder da mente, como o reconhece todo profundo pensador.

Parkman demonstrou sua compreensão da mente e, em particular, o poder de uma mente concentrada quando escreveu: "Aquele que fará algo grandioso nessa vida breve deve dedicar-se ao trabalho com tal concentração de suas forças que, para os espectadores ociosos, que vivem apenas para a própria diversão, pareça insanidade".

E Annie Besant expressou sua profunda e madura compreensão do poder disponível por intermédio da mente quando disse: "Conhecimento é essencial para a conquista; somos impotentes apenas de acordo com nossa ignorância. Pensamento cria caráter. Caráter pode dominar condições. Vontade cria circunstâncias e ambiente".

Thomas Fowell Buxton expressou uma grande verdade em relação ao poder do pensamento concentrado quando escreveu: "Quanto mais tempo vivo, mais profundamente sou convencido de que o que faz a diferença entre um homem e outro – entre o fraco e o poderoso, o grande e o insignificante – é energia, determinação invencível, um objetivo formado anteriormente, e depois a morte ou a vitória". Todo homem que triunfou sobre a derrota prolongada compreenderá o significado da afirmação de Buxton.

Arnold Bennett expressou sua compreensão do poder da mente quando disse: "A maneira como um único raio de luz, uma só sugestão preciosa, vai esclarecer e energizar toda a vida mental daquele que o recebe está entre os mais maravilhosos e celestiais fenômenos intelectuais... Acho muito boa essa necessidade pela tensão e solicitação da vontade antes de alguma digna de ser feita poder ser feita. Sinto que essa é a principal coisa que diferencia o homem do gato ao lado do fogo".

Sempre que alguém entra em sintonia com os pensamentos de homens que realmente pensam, encontra evidências de que eles reconhecem o poder irresistível da mente quando essa força é organizada e dirigida para um fim definido.

John Quincy Adams expressou sua crença na natureza profunda do poder da mente com estas palavras: "Coragem e perseverança têm um talismã mágico que faz desaparecer dificuldades e obstáculos".

Washington Irving manifestou seu respeito pelos poderes da mente ao dizer: "Grandes mentes têm objetivos, outras têm desejos. Mentes pequenas são domadas e submetidas pelo infortúnio; mas mentes grandiosas se elevam acima deles".

Sim, isso é verdade; grandes mentes se elevam sobre os infortúnios, e não vamos esquecer que uma das qualidades que fazem uma grande mente é a definição de objetivo amparada por concentração de esforço. John Foster expressou uma grande verdade em relação à influência de uma mente positiva amparada pela determinação quando disse: "Quando um espírito firme e decisivo é reconhecido, é curioso ver como o espaço se abre em volta de um homem, dando a ele amplitude e liberdade".

Observei essa verdade muitas vezes prestando atenção a um homem determinado que sabia para onde ia ao andar pela rua. Vi pessoas realmente olharem para trás e, confusas, saírem de seu caminho rapidamente. A mente determinada projeta uma influência que é sentida por todos em seu raio de alcance. Você pode reconhecer esse tipo de mente no momento em que alguém que a tem entra em uma sala cheia de gente, mesmo que não veja de fato a pessoa. Sua presença se faz sentir.

Ralph Waldo Emerson exibiu sua profunda compreensão do poder do pensamento com estas palavras: "A chave para todo homem é seu pensamento... Fique atento quando o grande Deus envia um pensador a este planeta".

Vejamos agora a análise que Carnegie faz desse conceito, mas quero lembrar o leitor que o método pelo qual o hábito da atenção controlada pode ser mais bem desenvolvido foi descrito na primeira parte deste capítulo. A análise de Carnegie vai tratar principalmente dos efeitos da atenção controlada, em vez do método pelo qual esse hábito desejado pode ser adquirido.

Análise da atenção controlada por Andrew Carnegie

A análise começa no escritório particular de Carnegie, em 1908, quando o conheci e entrevistei.

HILL: Poderia descrever como a atenção controlada pode ser aplicada nos aspectos práticos da vida?

CARNEGIE: Vamos definir a expressão atenção controlada e ter certeza de que entendemos realmente o que ela significa. É o ato de coordenar todas as faculdades da mente e concentrá-las na realização de um objetivo definido. O tempo envolvido no ato de concentração de pensamento sobre um assunto determinado depende da natureza do assunto e do que se espera em relação a ele. Veja meu caso, por exemplo. As forças dominantes de minha mente são, e têm sido há anos, concentradas na fabricação e comercialização do aço. Tenho aliados que concentram da mesma forma seus pensamentos dominantes no mesmo objetivo. Assim, temos o benefício da atenção controlada de forma coletiva, consistindo no poder mental individual de um grande número de pessoas, todas trabalhando pelo mesmo fim em um espírito de harmonia.

HILL: Não poderia ter se dedicado a outras atividades comerciais com o mesmo sucesso que conduziu a indústria do aço, e ao mesmo tempo? O princípio do MasterMind não teria tornado isso possível?

CARNEGIE: Sim, conheço homens que conduzem muitos negócios distintos, que não se relacionam entre si, com sucesso, a partir da ajuda do MasterMind; mas sempre acreditei que eles teriam alcançado resultados muito melhores se houvessem confinado seus esforços inteiramente a uma linha de negócios. Dividir a atenção provoca a divisão dos poderes. O melhor plano a se seguir é dedicar todas as energias a um campo específico. Essa concentração permite a especialização do indivíduo nesse campo.

HILL: Mas e os médicos que se dedicam à clínica geral? Não têm mais oportunidade de aumentar seus rendimentos do que aqueles que se especializam em uma área específica da medicina?

CARNEGIE: Não, é exatamente o oposto. Se você já esteve com um especialista para remover o apêndice, como eu estive, sabe que a especialização na medicina paga bem. Quando eu era pequeno, o velho médico de família que cuidava da saúde das pessoas do nosso bairro removia um apêndice por US$ 25, e desconfio que fazia o serviço tão bem quanto o especialista que me cobrou mais de dez vezes esse valor. Mas chamei o especialista mesmo assim.

HILL: Essa regra se aplica no campo da venda no varejo?

CARNEGIE: Sim, se aplica a todas as áreas e vocações. O comércio moderno quase tornou obsoleto o antigo armazém geral. As mais prósperas agora são divididas em departamentos, mas não são como as velhas lojas de produtos variados, porque cada departamento é gerenciado por um especialista que dedica todo o seu tempo àquele departamento. Você pode dizer que uma moderna loja de departamentos não é mais que um grupo de lojas altamente especializadas, todas sob o mesmo teto e uma chefia geral, mas com um poder de compra aumentado, o que dá à loja uma tremenda vantagem sobre os estabelecimentos menores.

HILL: Você diria, então, que a loja de departamentos é gerenciada sob o princípio da atenção controlada?

CARNEGIE: Esse e outros princípios da filosofia da realização individual, especialmente o princípio do MasterMind e a definição de objetivo.

HILL: E quanto aos bancos? Também são dirigidos sob o princípio da atenção controlada?

CARNEGIE: Muito. Cada departamento de um grande banco e praticamente cada posição individual em cada departamento são altamente especializados. O mesmo vale para as ferrovias. Praticamente todo cargo no ramo das ferrovias é especializado. As promoções acontecem da base para o alto, e os homens que ocupam as posições de maior responsabilidade foram treinados em quase todas as posições subordinadas, mas nunca assumem dois cargos ao mesmo tempo. É a mesma coisa na indústria do aço. Homens se tornam altamente habilidosos restringindo seus esforços ao trabalho especializado. Aqui também as promoções acontecem de baixo para cima. Todos os chefes cumpriram seu estágio em posições subordinadas no lado operacional da indústria.

HILL: Acredita, então, que as melhores oportunidades no futuro estarão disponíveis para aqueles que concentram esforços em algumas linhas especializadas?

CARNEGIE: Sempre foi assim e sempre será.

HILL: E a profissão de professor? Não é possível um professor preparar-se para lecionar muitas matérias diferentes?

CARNEGIE: Ah, sim, é possível, mas não é aconselhável. As grandes universidades não são mais que um grupo de faculdades associadas, cada uma especializada em um ramo específico da educação. Se fosse prático um professor fazer seu melhor trabalho dedicando esforços a uma variedade de assuntos, as universidades saberiam disso há muito tempo.

HILL: E o estudante que está se preparando para o trabalho de uma vida? Deve se especializar em alguma área específica da educação?

CARNEGIE: Sim, se ele souber qual é seu objetivo principal definido. Caso contrário, ele deve limitar seus esforços a um curso de educação geral até o momento em que escolher seu objetivo. Depois deve continuar sua educação por meio de treinamento especializado. O advogado, por exemplo, normalmente faz um curso de educação geral, depois se especializa em leis. O médico faz mais ou menos a mesma coisa. A educação geral dá ao indivíduo uma abordagem para o pensamento organizado, autodisciplina e autossuficiência, qualidades essenciais para o sucesso em qualquer carreira.

HILL: E o estenógrafo? Deve se concentrar em uma linha de trabalho?

CARNEGIE: Bem, o estenógrafo deve se especializar, é óbvio, antes de procurar um emprego. Depois disso, talvez tenha que aceitar serviços gerais por um tempo, mas o estenógrafo que não quer continuar nesse trabalho avalia suas oportunidades enquanto desempenha funções gerais no escritório, e mais cedo ou mais tarde ele se especializa em algum departamento específico no qual pode se promover para um cargo melhor. Muitos empresários bem-sucedidos e líderes de seus ramos atualmente começaram em cargos de estenógrafo, onde tinham oportunidade de estudar os métodos de seus superiores. Esse é um dos melhores tipos de trabalho administrativo para se preparar para responsabilidades executivas. O estenógrafo literalmente frequenta uma escola onde lecionam executivos habilidosos, e é pago para isso.

HILL: E o agricultor? Ele também deve se especializar?

CARNEGIE: Sim, deveria, mas normalmente não é o que faz. Essa é uma das maiores fraquezas da agricultura. Os homens que mais ganham dinheiro com a terra são os que se especializam em certos produtos, como trigo, centeio, cevada e milho. O agricultor que planta um pouco de tudo raramente recebe muito por qualquer produto que cultive.

HILL: E o escriturário? Também deve se especializar?

CARNEGIE: Sim, a não ser que se contente com sua posição de escriturário para sempre, e mesmo assim ele ganhará mais com seu trabalho se for especializado em algum ramo da contabilidade. Os mais bem-pagos nessa área normalmente passam de escriturário a auditor e à instalação de sistemas de contabilidade.

Um homem astuto nessa área ganha muito, porque cada negócio com mais de um homem para operá-lo precisa de registros confiáveis de suas transações. O pau para toda obra normalmente não é bom em nenhuma.

Há um papel que todo mundo pode desempenhar no esquema das coisas – um papel no qual pode prestar serviços úteis e receber uma compensação justa. É responsabilidade de todos descobrir que papel é esse e preparar-se para ele. A vida bem-organizada requer preparação. Antes de começar a se preparar, é preciso saber para o que está se preparando. Isso, por si só, é concentração de esforço. O homem que não tem objetivo definido na vida, que não consegue fazer uma coisa e fazê-la bem, é como uma folha seca levada pelo vento. Será jogado de um lado para o outro sempre que o vento do acaso o levar, mas, como a pedra que rola, não criará limbo. Infelizmente, a maioria das pessoas passa a vida rolando desse jeito.

HILL: Quer dizer que um homem deve escolher o objetivo principal definido antes de começar sua educação e preparar-se para se especializar em relação a essa meta?

CARNEGIE: Não, nem sempre. Uma pessoa muito jovem, que ainda não terminou a educação básica, raramente tem condições de adotar um objetivo principal definido. Nesse caso, ela deve concluir a educação essencial, passar por todos os anos e pelo ensino médio. Se ainda não conseguir escolher um principal objetivo na vida, ela deve ir trabalhar e aprender por experiência as possibilidades de diferentes funções, ou ir para a faculdade e fazer um curso de educação geral. Depois disso, o indivíduo deve poder decidir que vocação quer seguir.

HILL: Suponha que uma pessoa escolha um objetivo principal definido, mas descubra, depois de persegui-lo por um tempo, que não gosta dele, ou que tem alguma coisa de que gosta mais. Ela deve mudar?

CARNEGIE: Sim, sem dúvida. Um homem tem mais sucesso naquilo de que mais gosta, sendo todas as outras coisas iguais. É aconselhável que se mude, desde que não se torne um hábito mudar cada vez que o trabalho escolhido ficar difícil ou ocorrer derrota temporária. Mudar de uma linha de trabalho para outra envolve uma tremenda perda. É como uma fábrica cuja administração muda de um produto para outro. A pessoa bem-sucedida deve chegar ao estágio da especialização mais cedo ou mais tarde; quanto mais cedo, melhor.

HILL: É aconselhável um empresário se envolver na política?

CARNEGIE: Não se quiser ter sucesso nos negócios. Política é uma profissão, e não é das mais confiáveis. Mas é uma profissão, e os mais bem-sucedidos nela são os que não fazem outra coisa.

HILL: Que tipo de carreira aconselharia para um jovem escolher? Uma profissão ou os negócios?

CARNEGIE: Depende do jovem, de seus gostos e do que não gosta, de sua habilidade nata, das condições físicas etc. Falando de maneira geral, eu diria que comércio e indústria oferecem oportunidades mais amplas que outras profissões, porque estas já estão saturadas. Esta é, em essência, uma nação industrial. Indústria é a coluna dorsal da nossa estrutura econômica. E ainda não vi o tempo em que um homem confiável, leal e capaz não conseguisse encontrar colocação nessa área. É nela que a maioria das grandes fortunas é feita, o que, por si só, responde parcialmente sua pergunta, já que muita gente escolhe uma carreira com o propósito de ganhar a vida e acumular tanta riqueza quanto for possível. Sempre houve carência de homens capazes no comando da indústria, mas nunca nas profissões.

HILL: E quanto ao Exército, à Marinha ou ao serviço público como carreira? Há oportunidades desejáveis em algum desses três campos de serviço?

CARNEGIE: De novo devo dizer que isso depende muito da pessoa que escolhe a carreira. Se um homem quer uma oportunidade para dedicar-se ao esforço criativo, não escolhe o serviço público como carreira, já que suas chances lá dependeriam da vontade de políticos. Ele se daria melhor no Exército ou na Marinha, já que ambos são, de alguma forma, mais afastados da influência política. Alguns têm registros notáveis nessas duas áreas de serviço, mas geralmente eram homens que gostavam desse tipo de vida.

A linha de promoção no Exército e na Marinha é longa e difícil. O serviço militar pede esforço concentrado e ambição limitada, já que as possibilidades de avanço são conhecidas antecipadamente. Alguns homens não são adequados, por natureza, a limitações dessa natureza. Preferem tentar o comércio ou a indústria, onde os riscos podem ser maiores e o trabalho, mais árduo, mas as possibilidades de realização não têm limites fixos.

HILL: Então você recomenda concentração de esforço, por meio de especialização, em todas as áreas? Acredita, é claro, na mente "unidirecional"?

CARNEGIE: Especialização, por meio de concentração de esforço, dá ao indivíduo grande poder. Poupa o desperdício de movimento tanto no pensamento quanto na ação física. Harmoniza com o princípio da definição de objetivo, ponto de partida de toda realização. Acredito na mente unidirecional, se você me permitir descrevê-la desta maneira: uma ampla gama de conhecimentos baseados em fatos relacionados ao objetivo maior do indivíduo, mas expressados por planos organizados para a realização desse objetivo. Posso esclarecer melhor o que quero dizer se colocar assim: um homem deve ter a mente multidirecional para acumular conhecimento, mas unidirecional para a expressão desse conhecimento, o que equivale a dizer que se deve ter uma reserva de conhecimento geral e específico, mas concentrar seu uso na realização de um objetivo principal definido.

Conhecimento não tem nenhum poder até ser organizado e expressado em ação. Isso requer concentração de esforço. Um homem pode ser uma enciclopédia ambulante de conhecimentos gerais, e conheci gente assim – mas esse conhecimento será praticamente inútil até que ele o organize e dê a ele alguma forma de expressão, por meio de definição de objetivo.

Se quer um excelente exemplo de atenção controlada, eu lhe dou um. Você é um jovem, com boa parte da vida pela frente. Mais cedo ou mais tarde, sem dúvida, vai pensar em casamento, mas, antes de fazer uma escolha, deve olhar em volta com atenção, analisar várias "candidatas", antes de encontrar uma "pretendente" aceitável para o casamento. Quando encontrar alguém que acreditar ser sua escolha, observe como vai começar a concentrar sua atenção rapidamente e de maneira definida nessa mulher. Essa é a hora de ser cauteloso, porque concentração de esforço leva ao clímax da ação, e isso se aplica não só à escolha de uma parceira para se casar, mas também a todos os outros relacionamentos humanos. Concentração de ação leva a amizades duradouras, alianças comerciais permanentes e outros relacionamentos permanentes. Leva ao sucesso repetido, e com o tempo a "consciência do sucesso" se torna um hábito.

> *Você pode ter tudo que deseja, se o desejo for grande o bastante para inspirá-lo a manter a mente fixada nessa conquista.*

HILL: Você fala em "consciência do sucesso" como um hábito. Tenho notado que muita gente tem uma "consciência do fracasso". Como esse hábito é adquirido?

CARNEGIE: Pelo mesmo método com o qual a "consciência do sucesso" é adquirida: pela concentração da atenção no fracasso e por hábitos que levam ao fracasso. Hábitos, por exemplo, como procrastinação, medo, indecisão e indiferença à oportunidade. Pelo princípio da autossugestão, pensamentos dominantes e hábitos físicos do indivíduo se tornam uma parte fixa de seu caráter permanente. Concentração de pensamento em qualquer assunto atrai para o indivíduo circunstâncias pelas quais a contraparte física do pensamento é criada.

HILL: E é por esse meio que o pensamento é transformado em coisas físicas?

CARNEGIE: Eu colocaria de um jeito um pouco diferente. É por esse meio que o pensamento atrai o indivíduo para sua contraparte física. Pensamento não se transforma de fato em coisas materiais; pelo menos, não temos evidência substancial de que isso aconteça; mas o pensamento atrai uma combinação de circunstâncias pela qual sua contraparte física é reunida ou atraída para o indivíduo. E isso acontece com a ajuda de quaisquer meios naturais disponíveis. Por exemplo, definição de objetivo inspira o indivíduo a se dedicar à ação física para realizar aquele propósito. Então, embora o pensamento não atraia realmente a contraparte física do objetivo, ele inspira o indivíduo a garanti-la pelos meios mais lógicos possíveis.

HILL: Então não há mistério relacionado à sua afirmação de que os pensamentos dominantes do indivíduo tendem a se vestir de sua contraparte física?

CARNEGIE: Nenhum. O método para que isso aconteça é tão compreensível quanto a tabuada ou as regras de gramática.

HILL: Mas há escolas de pensamento cujos seguidores pregariam que os pensamentos dominantes do indivíduo, como quando alguém se dedica à oração, podem atrair sua contraparte física por meio de algum mistério inexplicável, ou lei sobrenatural.

CARNEGIE: Bem, eles poderiam estar certos sobre isso, mas nunca realizei nenhum desejo com o pensamento, por nenhum método que eu não pudesse explicar pelas leis da natureza e regras do relacionamento humano comum. Nunca dependi de lei sobrenatural, porque a verdade é que não conheço essa lei.

Mas vou dizer uma coisa: as circunstâncias pelas quais a definição de objetivo atrai oportunidades favoráveis à realização do objetivo muitas vezes são tão inesperadas que parecem inexplicáveis. Desconfio, no entanto, que a análise precisa revelaria que há causa puramente natural e perfeitamente lógica para todos os efeitos. Às vezes os efeitos de certas experiências de nossas vidas são tão distantes da causa real que perdemos a causa completamente de vista.

Vou dar um ótimo exemplo do que quero dizer: alguns anos atrás, chamei um jovem que trabalhava como secretário de um dos nossos executivos e, com pouca explicação, o promovi para um cargo executivo de muita responsabilidade, com um grande aumento de salário. Ele ficou tão surpreso que disse aos amigos que a promoção tinha sido um "milagre".

Pode ter parecido um milagre para ele, mas vou explicar o que a causou. Aquele rapaz havia adquirido alguns hábitos desejáveis que o tornaram mais valioso em um cargo mais elevado. Por exemplo, ele chegava ao trabalho meia hora mais cedo do que as regras do departamento estipulavam, e só ia embora uma hora, mais ou menos, depois que todos do departamento tinham encerrado o expediente. Em muitas ocasiões ele voltou à noite, quando havia trabalho extra a ser feito. Ninguém pedia. Ele não recebia pagamento a mais por isso. Agia por iniciativa própria, anunciando assim à administração que tinha muita iniciativa. Lembre-se de que iniciativa pessoal é uma qualidade rara, e uma das coisas mais essenciais dos que assumem a responsabilidade da liderança em qualquer área. Bem, o hábito de fazer o esforço extra foi a primeira qualidade que chamou nossa atenção para aquele jovem.

Depois que ele chamou nossa atenção dessa maneira favorável, também observamos que ele tinha o hábito de fazer seu trabalho de um jeito mais organizado e completo que os outros que se dedicavam a tarefas semelhantes.

Depois percebemos que ele tinha muito entusiasmo, e com isso inspirava os que o cercavam a trabalhar com o tipo adequado de atitude mental. Mandamos alguém investigá-lo e descobrimos que ele fazia um curso noturno de engenharia, o que provava que tinha definição de objetivo. O investigador também descobriu que a vida doméstica desse jovem era agradável e que ele era popular entre os vizinhos, o que demonstrava sua personalidade atraente.

Diante dessas descobertas, você vê alguma coisa relacionada a essa promoção que tenha a ver com o sobrenatural ou com o milagroso? Sim, esses são os tipos de "milagres" que permitem que alguém progrida enquanto outros à sua volta, pessoas com a mesma educação e o mesmo conhecimento do trabalho, deixam de progredir.

Promovemos esse rapaz porque, por seus hábitos, sua atitude mental e autodisciplina, ele conquistou o direito de ser promovido. Quando a promoção aconteceu, foi resultado da causa natural das promoções. Talvez tenha parecido um "milagre" para ele porque aconteceu antes do planejado. E essa é outra coisa estranha em relação a homens que se preparam para as melhores coisas da vida. As melhores coisas costumam aparecer antes do que eles esperam.

HILL: E você acredita que é por circunstâncias semelhantes que todos os homens bem-sucedidos alcançam o sucesso?

CARNEGIE: Tenho certeza disso. Tive o privilégio de promover tantos homens quanto qualquer outro industrial na América, se não mais. Analisei com cuidado a causa de cada promoção que dei e posso afirmar com certeza que cada uma delas foi conquistada bem antes pela pessoa promovida. A única participação minha foi descobrir os que mereciam as promoções, e, falando de maneira geral, não tive que dedicar muito tempo a isso, porque quem se prepara para promoções desenvolve hábitos tão óbvios que não podem ser ignorados por um empregador inteligente, que, se bem-sucedido, deve passar o tempo todo procurando homens capazes de assumir responsabilidades.

Você pode pensar que uma promoção é um grande favor ao promovido, mas não é um favor maior a ele do que ao homem que o promove, desde que quem promove escolha o homem que merece a promoção. Mas, em última análise, todas as promoções justas são adquiridas por quem é promovido, por autodisciplina, treinamento e preparação.

HILL: Não acredita, então, que acaso e sorte favoreçam o indivíduo nessas circunstâncias?

CARNEGIE: Só nesta medida: às vezes acontece de o tempo da promoção de um homem resultar de alguma forma de sorte ou acaso, como a morte de uma pessoa que ocupava o cargo ao qual ele foi promovido, ou uma emergência que pede algum tipo de talento especial que o promovido tem, mas a "sorte" só tem relação com o tempo. A pessoa que tem o direito de ser promovida o será mais cedo ou mais tarde, com ou sem sorte, porque todo homem gravita para o lugar na vida ao qual pertence, por preparação e hábito adquirido, tão naturalmente quanto a água corre encosta abaixo. Nada pode mudar isso, seja qual for o nome que se dê à circunstância. Ele pode chamar de sorte, de feliz coincidência, do que quiser, mas eu digo que o único tipo de sorte com que um homem pode contar é aquela que ele provê a si mesmo, por meio de esforçada preparação para o que quiser na vida.

HILL: Sua análise indica que atenção controlada é um traço importante na preparação para a promoção ou para a realização de um objetivo definido.

CARNEGIE: Sim, é indispensável, podemos dizer. Um homem não pode desenvolver o hábito da autodisciplina, tão necessário como um meio de preparação para a realização de um objetivo definido, sem a concentração de sua atenção. Ele deve praticar essa arte até que se torne um hábito. O ponto de partida é nos pequenos detalhes do trabalho diário, quando se tem um motivo definido para a concentração da atenção. Se o indivíduo negligencia os menores detalhes de seu trabalho, com certeza vai negligenciar os aspectos mais importantes. Perfeição, pela atenção concentrada, é uma virtude de valor incalculável.

HILL: Mas não é verdade que executivos ocupados não perdem tempo gerenciando pequenos detalhes relacionados às suas responsabilidades?

CARNEGIE: Sim, é verdade, mas você esquece um fato importante. O executivo bem-sucedido normalmente conquista sua posição dominando antes a arte de controlar detalhes. Para continuar sendo um executivo bem-sucedido, ele deve seguir sendo o mestre dos detalhes, mas normalmente relega os detalhes menores aos subordinados que trabalham com ele. Assim, pelo uso do princípio do MasterMind, ele continua cuidando de todos os detalhes necessários.

Um homem é pago pelo que faz ou pelo que pode influenciar outras pessoas a fazer. O executivo capaz é aquele que se relaciona com outras pessoas de forma a aumentar sua eficiência, alimentando, assim, a dele mesmo. O homem que sabe garantir o trabalho feito, e bem feito, por outras pessoas vale muito mais do que aquele que o faz. Mas ele precisa conhecer os detalhes. Senão, não saberá como delegá-los aos subordinados.

HILL: A atenção controlada tem outros benefícios, além dos disponíveis de sua aplicação nos relacionamentos humanos, como você mencionou?

CARNEGIE: Sim, muitos. Vamos citar alguns dos mais importantes: primeiro, atenção controlada é o meio pelo qual um indivíduo obtém o controle sobre as faculdades de sua mente, por meio de autodisciplina. Isso é importante o bastante para justificar todo o tempo que se investe para desenvolver o hábito da concentração, mas há outras vantagens.

Ela é o principal meio pelo qual todos os hábitos voluntários são desenvolvidos. Também é o meio pelo qual se podem eliminar hábitos indesejáveis. Ela pode ser usada para limpar a mente de medo e dúvida, preparando dessa forma o caminho para o exercício da fé. É o meio pelo qual a mente pode ser limpa para a oração, porque a concentração em um desejo definido, em um espírito de fé, é oração. Todos esses são benefícios de que um indivíduo pode desfrutar pela aplicação da atenção controlada, sem contato com ninguém.

HILL: Por sua análise, parece que a atenção controlada é associada, de um jeito ou de outro, a todas as funções do corpo e da mente.

CARNEGIE: Isso é verdade. Você bem poderia ter dito que ela é associada a todas as funções da mente e do corpo, e também a todo relacionamento humano importante. É preciso observar também que a atenção controlada é um grau de auto-hipnose pela qual um homem pode preparar a própria mente para qualquer realidade que tenha de enfrentar na vida. Concentração intensa de pensamento dá ao indivíduo o benefício do poder daquele estranho estado mental conhecido como hipnotismo. Alguns usaram esse poder de maneira efetiva para curar certas formas de enfermidade. Ele pode ser usado para dominar tristeza, luto e decepção, quando aplicado em conjunto com o poder da força de vontade.

HILL: Atenção controlada não é sempre o resultado do uso da faculdade da vontade?

CARNEGIE: Não, ela pode ser aplicada ou pela faculdade das emoções, ou pela faculdade da vontade. Também pode ser aplicada por uma combinação das duas, emoção e vontade. Quando é aplicada pelo poder da vontade, ela se torna mestre das emoções.

HILL: E esse é o meio pelo qual se podem colocar todas as emoções sob o controle da vontade?

CARNEGIE: Correto. Intensa concentração de atenção em um assunto determinado, com a ajuda da vontade, deixa as emoções sem meios de expressão. A ordem pode ser invertida, como geralmente é, e a mente pode ser tão intensamente concentrada em determinado assunto, com a ajuda das emoções, que a faculdade da vontade não funciona. A escolha entre emoções e vontade, em qualquer exemplo dado, é do indivíduo.

HILL: Qual é a escolha mais segura: emoções ou vontade?

CARNEGIE: A vontade é mais segura, desde que aplicada em conjunto com a faculdade da razão e a consciência. As emoções e a razão costumam discordar. Essa é uma coisa que causa problemas para muita gente. As pessoas permitem que as emoções se manifestem livremente, sem a influência modificadora da razão. A pessoa que desenvolveu um grau elevado de autodisciplina tem o poder de dar expressão ou à vontade, ou às emoções, ou dominar uma em favor da outra, como escolher. Essa é a conquista ideal no autocontrole.

HILL: Por tudo o que disse, deduzo que o tipo de poder de pensamento que eleva o indivíduo acima das limitações comuns do medo, do sofrimento e do desânimo é aquele obtido apenas pela atenção controlada, amparada pela definição de objetivo. Talvez os líderes que superam a mediocridade e criam elevadas posições para eles mesmos, em sua vocação escolhida, são aqueles que adquiriram o hábito do esforço concentrado?

CARNEGIE: Sim, e a melhor evidência de que isso é verdade é que as pessoas mais bem-sucedidas do mundo, desde que se tem registro das realizações humanas, sempre foram pessoas de uma ideia só. Isto é, adquiriram uma obsessão pela realização de um objetivo único e concentraram a maior porção de seu tempo e pensamento nesse assunto. É sempre um engano presumir que a expressão "mente unidirecional" é pejorativa, porque ela pode expressar honra distinta, em vez disso.

Quando um amigo perguntou qual ele pensava ser o maior problema da humanidade, um distinto filósofo respondeu: "O maior problema? Bem, o maior problema que alguém enfrenta é aprender a concentrar o poder do pensamento em seus problemas até abrir um buraco neles". Concordo inteiramente com essa afirmação. Sempre foi motivo de espanto, para mim, que tantas pessoas desperdicem tanta energia se preocupando com problemas, quando isso pode dar a elas a capacidade de encontrar uma solução, se a energia for concentrada no fim definido.

HILL: Pessoas que têm um objetivo principal definido e dedicam seu tempo à sua realização se preocupam com problemas, como aquelas sem um objetivo?

CARNEGIE: Não. Definição de objetivo, amparada por um plano para sua realização, tende a conservar as energias do indivíduo para o único propósito de alcançar esse objetivo. Preocupar-se é invenção do homem que não é definido. No momento em que alguém decide que atitude vai tomar em relação a qualquer problema e começa a implementar essa decisão, normalmente a pessoa deixa de desperdiçar energia se preocupando com ele.

HILL: Ação deve acompanhar decisão, certo? Decisão, sem ação física, ainda pode deixar espaço para preocupação?

CARNEGIE: Você entendeu a ideia corretamente. Uma das maiores de todas as formas de ação concentrada é o esforço intenso, por trás de um objetivo definido, normalmente conhecido como trabalho. Sei que isso já curou doenças físicas, e é o melhor remédio do mundo para transtornos mentais. Muitas das chamadas "indisposições" poderiam ser curadas por um esforço vigoroso, alguma forma de trabalho físico suficiente para fazer suar muito.

Analise um homem ocupado, em qualquer vocação de sua escolha, e observe como ele perde pouco tempo com preocupações. E se ele é um homem que adquiriu compreensão do poder do esforço concentrado pela coordenação de pensamento e ação física, você não o verá perdendo um segundo que seja com preocupações.

Mas você descobrirá que ele toma decisões prontamente e de maneira definitiva; age por iniciativa própria, sem supervisão ou impulso de outras pessoas; tem muito entusiasmo; tem confiança em si mesmo e fé suficiente para seguir em frente na busca do seu propósito.

HILL: Sim, agora entendo por que diz que a atenção controlada é a chave mestra que abre todas as portas para a solução de muitos problemas, por um lado, e destranca as portas para oportunidades maiores, por outro.

CARNEGIE: Isso coloca a questão de maneira muito clara. Ela também pode ser posta assim: a atenção controlada tranca as portas para coisas que não queremos e as abre para as que queremos. Portanto, ela é uma chave mestra de fato, não só em teoria.

HILL: Seria correto dizer que a atenção controlada se torna uma chave mestra que tranca as portas para coisas que não se quer e abre portas de oportunidades para as coisas desejadas, porque condiciona a mente para aquele estado mental conhecido como fé?

CARNEGIE: Isso seria literalmente correto, mas a atenção controlada faz mais que abrir caminho para a fé; ela inspira ação física a partir dela. Também inspira outras qualidades de sucesso, como entusiasmo, iniciativa, autodisciplina, definição de objetivo, visão criativa e pensamento organizado.

A atenção controlada magnetiza o cérebro com a natureza dos pensamentos dominantes, metas e objetivos do indivíduo, levando-o a estar sempre em busca de todas as coisas necessárias em relação a esses pensamentos dominantes.

Por exemplo, digamos que um homem decide encontrar um emprego de maior responsabilidade e salário melhor. A partir do momento em que ele toma essa decisão, vai se descobrir olhando os classificados de empregos dos jornais e pesquisando com amigos. Sua imaginação se tornará mais aguçada, e ele começará a criar meios e maneiras de encontrar o que deseja. À medida que aumentar a concentração da mente no assunto, ele ampliará o escopo da busca, até acabar encontrando o que procura. Pode vir de onde ele menos espera, mas a análise cuidadosa provará, quase certamente, que ele encontrou o que procurava por causa de uma ação física, ou alguma palavra dita por ele.

A concentração em um objetivo definido, em um espírito de entusiasmo, põe a mente subconsciente para trabalhar no estabelecimento de meios e maneiras de realizar esse objetivo.

Ouvi detetives experientes dizerem que é raro um crime que não possa ser solucionado pela concentração da atenção. Muitas vezes não há nenhuma evidência sobre quem foi o autor do crime, mas o detetive experiente pode assumir esse caso e, pelo simples processo de fazer perguntas entre aqueles que têm conhecimento do crime, encontrar rapidamente pistas que o levem à solução. A atenção controlada é o maior auxiliar do detetive na solução de um crime. Na verdade, muitos detetives bem-sucedidos não têm qualificação notável nesse campo, além de um intenso poder de observação e da capacidade de intensa concentração mental. Se essas duas qualidades são úteis na solução de crimes – e obviamente são –, elas são igualmente úteis na solução de outros tipos de problemas.

HILL: Sim, entendo que a atenção na observação pode ser tão útil na busca por oportunidades ocultas de progresso quanto é na detecção de um crime. Como se desenvolve o poder da observação atenta?

CARNEGIE: Ela é resultado de um hábito baseado em um motivo. Quando um homem adota um objetivo principal definido e o ampara com um forte motivo para sua realização, começa automaticamente a desenvolver a observação atenta em relação a tudo e todos que possam ser remotamente associados à realização desse objetivo. O motivo magnetiza a mente do indivíduo com um poder que atrai tudo que afeta esse motivo.

O policial que percorre uma rota definida dia após dia vai ver mais do que acontece nessa rota do que a pessoa comum que passa por lá de vez em quando e não tem motivos especiais para observar detalhes naquela região.

Dizem que um guerreiro ou caçador indígena é capaz de rastrear um homem ou animal na floresta, embora uma pessoa sem treino não consiga ver os rastros. Ele se treinou, pela atenção controlada, para observar detalhes que a pessoa destreinada nunca reconheceria, e seu motivo é o da autopreservação. O indígena se torna alerta para a observação de detalhes físicos do ambiente porque sua vida depende disso.

Continue acompanhando o exemplo e você vai notar que muitos dos chamados homens *self-made*, os que se fizeram e progrediram sozinhos, têm imaginação aguçada, iniciativa, autossuficiência e perseverança, e isso se deve, no geral, ao fato de terem assumido a própria responsabilidade e se forçado a desenvolver essas qualidades. Eles tinham um motivo definido para a ação que levou ao seu sucesso. Um homem sem um motivo obsessivo é um homem sem poder; ou, se por acaso tiver acesso ao poder, ele não será capaz de mantê-lo.

HILL: Seu exemplo sugere que motivo pode ser um fator importante na educação. O professor capaz de inspirar o aluno com o motivo mais forte para aprender pode ensinar a ele mais que a pessoa que se dedica a forçá-lo a estudar por medo do fracasso nas provas.

CARNEGIE: Você trouxe à tona um dos fatores mais importantes da pedagogia. E a mesma teoria se aplica no relacionamento entre patrão e empregado, ou entre pai e filho. A melhor maneira de induzir alguém a fazer alguma coisa é fornecendo um motivo suficiente para atrair sua atenção e despertar seu desejo.

Veja sua missão na vida, por exemplo. Seu objetivo principal definido é organizar e distribuir a filosofia da realização pessoal. Seu trabalho pode parecer formidável pelo escopo e pelo tempo necessário para sua realização, mas você tem sorte por essa distribuição da filosofia interessar a pessoas por praticamente todos os motivos básicos. Não haverá necessidade, portanto, de tentar impor sua aceitação, porque ela oferece uma abordagem prática para as coisas que todas as pessoas normais mais querem, em especial estas:

1. Riqueza material
2. Amor
3. Liberdade de corpo e mente
4. Desejo por expressão pessoal que leve à fama

5. Autopreservação

Sempre que você puder oferecer a alguém alguma coisa que interesse a essa pessoa por esses cinco motivos, pode ter certeza de que a aceitação será imediata e espontânea. Aqui você tem cinco dos motivos mais fortes que levam as pessoas a agir sob as circunstâncias mais importantes da vida. Portanto, nenhum professor dessa filosofia jamais sentirá necessidade de penalizar um estudante da filosofia para influenciá-lo a estudar. O motivo para estudar já existe na mente de todos os adultos normais.

Por essa mesma razão, nenhum estudante da filosofia terá dificuldade para concentrar a atenção no estudo dessa filosofia. E veja só que vantagem esse fato confere ao estudante, porque todos os hábitos são relacionados a hábitos de natureza similar. O hábito da atenção controlada em relação ao estudo e à aplicação dessa filosofia vai desenvolver outros hábitos de concentração que vão levar a uma série de motivos relacionados associados à opulência e realização pessoal.

É essa peculiaridade quanto à multiplicidade de motivos que vai induzir as pessoas a dominar e aplicar essa filosofia, e que me permitiu olhar para o futuro e prever que ela ganhará força e se tornará uma influência de alcance nacional.

Nesse fato você pode encontrar seu maior motivo para dedicar vinte anos ou mais de pesquisa temporariamente não remunerada à organização da filosofia, o que se sentirá compelido a fazer antes de ela ter sido provada e aceita pelo público. Você também se moverá em resposta aos cinco motivos que mencionei, porque seu trabalho oferece recompensas por meio de cada um deles.

Com essa teoria em mente, estou agora preparado para dizer que a maior porção do restante de sua vida será dedicada à organização e distribuição dessa filosofia. Você já se tornou suficientemente interessado no trabalho que tem pela frente para me permitir profetizar que não poderia desistir de seu trabalho antes da conclusão, como uma mosca não seria capaz de escapar de um papel pega-mosca, mas não pela mesma razão. Você persistirá porque esse será seu desejo. Seu desejo se baseia em cinco motivos fortes, pelo menos; portanto, você não terá dificuldade de concentrar sua atenção no trabalho. Mas teria muita dificuldade de tentar não se concentrar nele.

HILL: E agora, na medida em que sua filosofia de realização individual é organizada para servir ao povo dos Estados Unidos, pode analisar as oportunidades do avanço pessoal dentro do estilo de vida americano explicando por que esforço concentrado é necessário para o sucesso individual em nosso sistema econômico?

CARNEGIE: Sim, mas a análise terá que ser dividida em dois assuntos antes de a verdadeira razão para o esforço concentrado ficar clara.

Já explicamos por que um indivíduo deve organizar o poder de pensamento e concentrar-se em uma coisa de cada vez, porque esse é o caminho para o autodomínio sobre o qual se baseia o poder pessoal. Vamos agora dar nossa atenção para as circunstâncias externas com que um indivíduo deve lidar em sua luta pela realização de seu objetivo principal definido, ou pela mera garantia do sustento, se sua ambição não o levar mais longe.

Para começar, vamos observar que o estilo de vida americano se baseia em um sistema de governo que foi criado para consolidar o poder de todas as pessoas de tal maneira que ele automaticamente fornece a todo cidadão a maior porção possível de liberdade, liberdade pessoal e privilégio de comercializar os próprios talentos por meio de sua iniciativa, em proporção ao valor que eles têm como um serviço para terceiros. Aqui, então, começamos a ver concentração de poder em uma escala como não existe em nenhum outro lugar; concentração em um sistema que dá ao mais humilde cidadão mais direitos e privilégios e maiores oportunidades para a acumulação de riqueza privada do que tinham reis e potentados de eras passadas.

HILL: A ampla variedade de oportunidades para promoção pessoal e progresso existente nos Estados Unidos é resultado direto do poder que as pessoas concentraram em sua forma de governo. Portanto, é a aplicação de esforço concentrado em grande escala que fornece a cada indivíduo o privilégio de se concentrar no trabalho de sua escolha?

CARNEGIE: Isso resume a questão perfeitamente. A concentração de muitos proporciona o privilégio da concentração de indivíduos. Assim, poder concentrado se torna uma forma de seguro contra a interferência nos direitos pessoais e direitos de propriedade sob o maior sistema de relacionamento humano conhecido pelo mundo.

Agora, vejamos o que as pessoas têm feito com o privilégio de que desfrutam em nosso sistema, porque é aqui que existe a maior variedade de oportunidades pessoais. Primeiro, vamos reconhecer que é essencialmente um país industrial, cujo maior negócio é a produção e distribuição de artigos úteis. A produção e a distribuição são realizadas pelas próprias pessoas, sob um sistema de administração industrial conhecido como livre empreitada, que opera sob o motivo do lucro. Ele não operaria pelo benefício de todos em nenhum outro sistema, porque é preciso haver um motivo para inspirar ação em todas as áreas da vida.

Temos um motivo por trás de nosso sistema industrial que é elástico o bastante para dar a todos a ele ligados a necessária inspiração para ação baseada em seus próprios esforços, já que o sistema paga ao indivíduo de acordo com seus talentos, educação, experiência, habilidade nata e genialidade da mente. O sistema não tem paliativos para o talento individual, mas foi criado, de maneira genial, para incentivar todos a prestar o maior serviço de que são capazes, sabendo, com antecedência, que sua remuneração será proporcional ao serviço prestado. Esse sistema incentiva o desenvolvimento de definição de objetivo, iniciativa pessoal, autossuficiência, entusiasmo, imaginação, visão criativa, pensamento organizado e os outros princípios de sucesso incluídos nessa filosofia.

Agora vejamos, quem é dono da indústria americana? Funcionamos dentro de um sistema de corporações no qual a pessoa mais humilde pode ter uma participação de acordo com seus recursos financeiros, e as maiores corporações, como as companhias ferroviárias, a indústria do aço e as empresas de telefone e comunicação, pertencem a um corte transversal de pessoas representativas de quase todo tipo de indivíduo em todas as áreas de atuação que investiram suas economias nas ações dessas corporações.

Para que seja conveniente para os donos dessas ações as venderem e comprarem quando quiserem, mantemos uma bolsa de valores onde todo mundo pode comprar ou vender ações de quase todas as corporações que podem oferecer ações ao público. Assim, a propriedade das indústrias é tão flexível que nunca se mantém a mesma por dois dias seguidos.

Aqui vemos de novo a concentração em uma imensa escala; a concentração das economias de milhões de homens e mulheres que possuem as ações das corporações em operação. As cotas nas corporações bem-administradas são tão flexíveis que seus donos podem usá-las como garantia para fazer empréstimos em bancos em tempos de emergência, sem perder sua participação na corporação. Assim, é possível ter seu dinheiro investido na indústria e ainda usá-lo para outros propósitos.

A mão de obra que opera as indústrias é composta por homens chamados de "administradores" e outros, chamados de "trabalhadores", e os dois grupos também podem ser donos da empresa, ou não, como preferirem. De maneira geral, porém, a maioria dos homens que trabalham nesses dois grupos possui ações da empresa para a qual trabalha. Portanto, estão, em um sentido mais amplo, trabalhando para eles mesmos. Esse é outro método de fornecer aos homens um motivo apropriado para prestar serviço útil na medida de sua capacidade, educação e experiência.

É uma prática em todas as corporações mais bem-administradas deixar bem aberta para todos os trabalhadores a porta da oportunidade para promoções individuais. Assim, ninguém precisa permanecer em um cargo mais baixo se tem ambição de ocupar uma posição melhor ou pode desenvolver essa habilidade por meio de sua experiência.

O sistema de promoção individual é tão eficiente que muitas das maiores corporações têm "caçadores de talentos" buscando constantemente homens com capacidade de liderança. Sempre houve, e talvez sempre haverá, carência de pessoal no grupo da administração, no topo. Essa condição fornece o maior dos motivos para o exercício de iniciativa individual, imaginação e prontidão por parte dos trabalhadores. Nunca na história da humanidade foi criado um sistema mais eficiente de relacionamento humano no campo da economia, porque ele obviamente garante a todas as pessoas uma via de expressão para tantos talentos quanto tiverem, e vai muito além, fornecendo um motivo adequado para melhorar esses talentos pelo estudo e por cursos de treinamento especial.

HILL: Seria correto, então, dizer que o progresso é certo e rápido para aqueles que dominam e aplicam os princípios dessa filosofia?

CARNEGIE: Com certeza. Este é o propósito de organizar a filosofia, permitir que pessoas ambiciosas aprendam como concentrar toda a sua energia na conquista de qualquer posição que queiram ocupar na vida.

Agora, some todos esses fatores que mencionei e observe que estive descrevendo o estilo de vida americano, sob o qual todo indivíduo pode ter o uso e os benefícios de sua parte do estupendo poder dos Estados Unidos – um poder desenvolvido pela concentração e pelo domínio da combinação de riqueza, talentos, habilidades especiais e instalações educacionais das pessoas.

HILL: Você consegue pensar em melhorias no estilo de vida americano e em nosso sistema econômico, coisas que, acredita, podem colaborar para aumentar os benefícios que eles fornecem aos indivíduos que deles participam?

CARNEGIE: O sistema é o melhor que a civilização já produziu, e embora seja sujeito a pequenos refinamentos, ele é bom basicamente por fornecer o máximo de liberdade pessoal, recompensas, iniciativa pessoal, e por incentivar ao máximo a ambição pessoal, provendo cada indivíduo de um motivo adequado para crescimento por meio do serviço útil.

As melhorias deveriam ser feitas no método de operação do sistema, não no sistema propriamente dito.

HILL: Esse é só outro jeito de dizer que as melhorias devem ser feitas nos indivíduos, não no sistema?

CARNEGIE: É exatamente isso que tenho em mente, e o principal objetivo dessa filosofia é ajudar a promover melhorias nos indivíduos, de forma que possam desfrutar melhor dos privilégios do estilo de vida americano prestando maior serviço nesse sistema.

HILL: Você acredita, então, que uma das melhores melhorias que um indivíduo pode fazer a si mesmo é concentrar todas as suas energias em algum objetivo principal definido associado ao estilo de vida americano?

CARNEGIE: Sim, esse é o objetivo da minha Filosofia da Realização Americana. Ela é projetada para que todos os indivíduos se beneficiem da maneira mais ampla possível de tudo que foi apreendido da experiência dos homens mais bem-sucedidos que o estilo de vida americano produziu.

A filosofia é uma combinação da teoria e da prática de fundamentos sólidos que se harmonizam com o estilo de vida americano. Ela não só explica o que fazer a fim de alcançar sucesso individual, mas também descreve como fazer. A filosofia inteira é uma apresentação altamente concentrada das regras do relacionamento humano conhecidas por sua solidez e funcionalidade, porque foram testadas e sua eficiência foi comprovada.

HILL: Qual você acredita ser o maior perigo capaz de perturbar os relacionamentos humanos no estilo de vida americano?

CARNEGIE: O maior perigo consiste na filosofia de uma pequena minoria de pessoas com tendências socialistas que querem romper o poder que tem sido concentrado para o bem do povo, por meio do estilo de vida americano. Essas pessoas equivocadas querem nos fazer crer que seria benéfico decentralizar o poder que foi acumulado pela consolidação do dinheiro e dos talentos do povo, dentro de nosso sistema industrial.

Em vez de podermos juntar nossas economias e usá-las como capital de giro na administração das corporações, os socialistas querem que destruamos essa consolidação de poder dividindo-a entre indivíduos, não reconhecendo a falácia no fato de que nenhum indivíduo teria capital suficiente para produzir um automóvel, ou criar um sistema de transporte como o das ferrovias, ou construir uma casa, ou suprir qualquer um dos luxos e necessidades modernas da vida como as que agora temos dentro do nosso atual padrão de vida.

Decentralizar a riqueza da América seria o mesmo que decentralizar o poder do Exército dando a cada soldado o direito de conduzir-se independentemente dos outros, levando assim à destruição do poder que vem do esforço concentrado.

HILL: Você acredita, então, em concentração de poder sob um sistema que funciona por meio de líderes escolhidos?

CARNEGIE: Sim, líderes escolhidos, não líderes que teriam assumido o poder da liderança sem o consentimento daqueles que devem liderar. No sistema industrial americano, temos o melhor exemplo de poder concentrado administrado por líderes escolhidos por aqueles de quem o poder é obtido. Essa é a pura democracia em sua melhor ordem funcional.

O poder vem da concentração da riqueza e dos serviços pessoais daqueles que operam a indústria. É administrado por líderes que são escolhidos pelos donos do capital de giro (compostos por pessoas de todas as áreas da vida), conhecidos por "administração".

Aqui os líderes são escolhidos com base em suas qualificações para liderança, que consistem em educação, experiência e habilidade nata. Se for cometido um erro na escolha de qualquer líder individual, ele pode ser corrigido pela mesma origem do erro: quem o cometeu.

O sistema pelo qual a indústria americana é operada é semelhante àquele pelo qual o governo opera. O poder dos Estados Unidos (que é a inveja do mundo) consiste na coordenação entre nosso sistema de governo e os outros sistemas da nossa vida econômica e industrial, e todos constituem o que chamamos de estilo de vida americano.

HILL: Qual, em sua opinião, é a maior virtude tangível daquilo que chama de estilo de vida americano?

CARNEGIE: Sua maior virtude consiste no fato de fornecer às pessoas a maior liberdade pessoal possível e o privilégio de viver a própria vida do seu jeito, com a maior oportunidade possível para autodeterminação e acúmulo de riqueza pessoal.

Em vez de punir a ambição pessoal e os desejos individuais, como acontece em muitos sistemas que foram testados e ainda o são em outros países, o estilo de vida americano premia essas características humanas, recompensando todo mundo em proporção a suas contribuições para a sociedade como um todo.

HILL: Pode-se dizer, então, que o estilo de vida americano é a demonstração mais impressionante do mundo do poder de concentração do esforço humano?

CARNEGIE: Sim, sua análise dos fatos é correta. Nosso governo é o mais poderoso do mundo. Nosso país é o mais rico do mundo. Nosso povo é o mais livre do mundo, e o mais rico no nível individual. Nosso sistema econômico e social fornece às pessoas mais luxo do que desfruta qualquer outro povo do mundo, e aqueles que ajustam sua atitude mental para estar em harmonia com o estilo de vida americano têm mais paz de espírito que qualquer outra pessoa no mundo.

HILL: Seu conselho para o povo americano, imagino, seria não mexer em nada e tirar proveito máximo do estilo de vida americano?

CARNEGIE: Sim, meu conselho seria deixar o estilo de vida americano como ele é. Aqueles que sentem que devem ser feitas melhorias em qualquer porção do nosso sistema econômico ou social devem começar a aplicar na própria vida as melhorias que recomendam. Se alguém acha que pode melhorar o estilo de vida americano, que primeiro demonstre a solidez de seu plano fazendo-o funcionar na própria vida. Então, todos ficarão felizes de adotar esse sistema, se for comprovado que ele é melhor que o nosso atual.

HILL: Em outras palavras, você recomenda àqueles que querem dividir a riqueza igualmente que se juntem, formem uma colônia e dividam seus bens pessoais. Depois, quando provarem que podem viver melhor e com mais prosperidade e desfrutar de mais luxos da vida do que podemos nós que acreditamos no estilo de vida americano e aderimos a ele, poderemos ser influenciados a abandonar nosso sistema atual e adotar o deles?

CARNEGIE: Essa é a ideia. Mas devo chamar sua atenção para o fato de muitas colônias como essa já terem sido tentadas. Até agora, nenhuma funcionou, e os que começaram a ideia foram forçados a voltar ao nosso sistema atual, no qual podiam dispor dos benefícios da concentração de riqueza e esforço pessoal, sob um sistema democrático de liderança.

HILL: O que faltava nesses esforços coletivos que impediram seu sucesso? Parece que eram baseados em esforço concentrado, por meio do consentimento mútuo de todos os envolvidos.

CARNEGIE: Faltavam muitas coisas essenciais. Primeiro, faltava o motivo do lucro, que faz o indivíduo fazer o máximo de esforço e agir por iniciativa própria. Segundo, faltava o espírito da autodeterminação. Tire de um homem o desejo de tornar-se independente e você o priva de boa parte de sua iniciativa, entusiasmo, imaginação e autodisciplina. Quando um homem desiste de seu privilégio de independência, ele também desiste de uma quantidade proporcional de seu entusiasmo e ambição. Um dos fatores mais essenciais ausentes era o poder que é adquirido pela consolidação de uma vasta porção de riqueza, com uma quantidade igualmente vasta de mão de obra, como o que temos no estilo de vida americano.

HILL: Entendo o que quer dizer. Os experimentos socialistas não funcionaram porque os indivíduos engajados no movimento perderam o espírito de autodeterminação que tem o homem que se move por iniciativa própria, fixa os próprios hábitos de vida, vive a própria vida e se dedica a sua escolha de ocupações.

CARNEGIE: Bem, essa foi parte da causa do fracasso. O importante que quero enfatizar é isto: colônias socialistas não deram certo, enquanto o estilo de vida americano é bem-sucedido. Conhecemos os efeitos. Podemos discordar em relação à causa, mas quanto aos efeitos não há discordância, porque os fatos falam por si.

Mesmo onde as colônias socialistas existiram por um tempo, elas não encontraram nenhum método de dar a seus membros os luxos de vida que a pessoa comum tem no estilo de vida americano. No máximo, garantiam o sustento mínimo, em condições que privam os membros do privilégio da iniciativa pessoal. Portanto, os membros deviam ser privados também da paz de espírito que tem um homem que vive a própria vida.

HILL: Mas houve muitos sistemas diferentes de sociedades cooperativas que parecem ter funcionado bem.

CARNEGIE: Agora você está entrando em um campo totalmente diferente. Cooperação é muito diferente de socialismo. O princípio de cooperação é um dos princípios da filosofia da realização individual no estilo de vida americano, mas não tem nada em comum com o socialismo. Cooperação traz benefícios sem a perda da iniciativa pessoal e do direito à livre empreitada.

Cooperação não priva um homem do motivo que o inspira a usar a imaginação, entusiasmo e visão criativa. Cooperação é uma parte do grande estilo de vida americano pela qual os recursos materiais e a mão de obra são coordenados para produzir o maior poder combinado disponível ao povo da América.

Há cooperação em colônias socialistas, mas o motivo correto para produzir poder duradouro não está presente.

Atenção controlada, Napoleon, é essencial para um sistema democrático de livre-iniciativa, e é desestimulada, diminuída e, por fim, ausente em um sistema socialista.

SEJA DONO DA SUA PRÓPRIA MENTE

Ler com muita atenção os capítulos deste livro vai permitir ao leitor aprender o que Carnegie me ensinou há muitos anos. É preciso reconhecer oportunidade por meio da visão criativa, conceber como capitalizar sobre uma oportunidade usando o pensamento organizado, e controlar as atividades da mente e dirigi-las para um fim determinado com atenção controlada. Você então será dono de sua própria mente e estará pronto para dar a atenção necessária à realização de seu objetivo.

> *A vontade humana pode superar qualquer obstáculo ou qualquer dificuldade, se um homem tiver fibra suficiente para usá-la.*
>
> *Aquele poder secreto interior, que tem a resposta para todos os problemas, pode ser contatado pela concentração de pensamento baseada em definição de objetivo.*
>
> *Quando Thomas Jefferson decidia agir, nenhum obstáculo inesperado o desviava do curso; porque ele havia considerado tudo muito bem e com cuidado.*
>
> *Você é o arquiteto de sua carreira.*
>
> — FRANK CHANNING HADDOCK

SOBRE O AUTOR

Napoleon Hill nasceu em 1883, em Wise County, Virgínia. Trabalhou como secretário, repórter de um jornal local, gerente de uma mina de carvão e lenhador, e frequentou a escola de Direito antes de começar a trabalhar como jornalista para a *Bob Taylor's Magazine* – um emprego que o levou a conhecer o magnata do aço Andrew Carnegie, o que mudou o curso de sua vida. Carnegie incentivou Hill a entrevistar os maiores industriais, inventores e estadistas da época para descobrir os princípios que os levaram ao sucesso. Hill aceitou o desafio, que durou vinte anos e originou o primeiro livro, a pedra fundamental *Think and Grow Rich*, o clássico da construção de riqueza e *best-seller* de todos os tempos de sua categoria. Depois de uma longa e variada carreira como autor, editor de revista, palestrante e consultor de líderes empresariais, o pioneiro motivacional morreu em 1970, na Carolina do Sul.

SOBRE O AUTOR